企业财税管理与内部审计研究

陈晓玲 / 著

中国商业出版社

图书在版编目（CIP）数据

企业财税管理与内部审计研究 / 陈晓玲著. — 北京：中国商业出版社，2023.10
ISBN 978-7-5208-2684-6

Ⅰ. ①企… Ⅱ. ①陈… Ⅲ. ①企业管理－财务管理－研究②企业管理－内部审计－研究 Ⅳ. ①F275 ②F239.45

中国国家版本馆CIP数据核字(2023)第203066号

责任编辑：袁开春
策划编辑：黄世嘉

中国商业出版社出版发行
（www.zgsycb.com 100053 北京广安门内报国寺1号）
总编室：010-63180647 编辑室：010-63033100
发行部：010-83120835/8286
新华书店经销
江西印之坊数码科技有限公司印刷
*
710毫米×1000毫米 16开 13印张 174千字
2023年10月第1版 2023年10月第1次印刷
定价：58.00元
* * * *
（如有印装质量问题可更换）

前　言

企业的生产过程也就是企业资金运动的过程，其表现为企业钱和物的增减变动。但应注意的是，在企业资金运动的过程中，企业与各相关利益主体不断地发生着一定的经济利益关系。财务管理是基于企业再生产过程中客观存在的财务活动和财务关系而产生的，它是企业组织财务活动，处理企业与有关方面财务关系的一项经济管理工作，是企业管理的重要组成部分。

近年来，税收领域“放管服”持续推进，税收征管体制不断优化，纳税人申报办税日益便捷，政策辅导等纳税服务日趋精准滴灌，征纳成本明显降低。在“以数治税”的理念下，税务机关以税收大数据为驱动力，风险防范逐步实现分级分类全环节全要素动态管理，税法遵从度和纳税人满意度大幅度提升。2020年11月3日，《中共中央关于制定国民经济和社会发展第十四个五年规划和二〇三五年远景目标的建议》中提出要深化税收征管制度改革。2021年3月24日，中办、国办公布了《关于进一步深化税收征管改革的意见》，对深入推进精确执法、精细服务、精准监管、精诚共治，进一步深化税收征管改革作出全面部署，标志着税收征管改革迈入新的征程。

内部审计是建立于组织内部、服务于管理部门的一种独立的检查、监督和评价活动。作为审计三大形式之一，它在推动企业的发展中起到重要作用。“内部审计之父”劳伦斯·索耶认为内部审计是对组织中各类业务和控制进行独立评价，以确定是否遵循公认的方针和程序，是否符合规定和标准，是否经济有效地使用了资源，是否能够实现组织目标的审计形式。

现代企业的各类业务与交易纷繁复杂，组织活动的多样化使经济行为的有效与否难以被测量，如何能够有效监督和评价这些活动，就对内部审计提出了更高的要求。为了适应现代经济的发展要求，这本书应运而生。本书的主要意义在于为企业的内部审计工作提供全面、准确的实务操作指南，提高内部审计工作者的业务操作水平。

陈晓玲

2023年7月

目 录

第一章　企业财务管理基础知识

第一节　企业财务管理概述

一、企业财务管理的概念和内容

（一）企业财务管理的概念

在商品经济条件下，商品是使用价值和价值的统一，具有两重性。与此相关，企业的再生产过程也具有两重性：一方面，它是使用价值的生产和交换过程，即劳动者使用劳动手段对劳动对象行为、生产产品和进行交换；另一方面，它表现在价值的形成和实现过程中，即生产过程中消耗的生产资料的价值和劳动者支出的必要劳动价值转移到产品价值上，创造新的价值，通过销售活动创造新的价值，最终实现产品的价值。使用价值的生产和交换过程是有形的，是商品物质流动的过程；价值形成和实现的过程是无形的，是商品再生产过程中资金的流动。至于资金，它是企业再生产过程中商品和物资的货币表现。

在社会主义市场经济条件下，企业参与生产和资本管理。在生产和管理领域，有三个过程，即供应、生产和销售。工业企业的资金随着生产经营的发展而不断变化。经过上述三个过程，周而复始地进行循环和周转。

在资本管理领域，企业的财务活动又增添了新的内容。企业首先用货币资金购买证券和其他对外直接投资，此时企业将货币资金转化为非货币性资金。证券持有一段时间后，将证券出售并转让给其他对外直接投资，收回投资，获得投资收益。此时，非货币资金将转化为货币资金。

总之，企业的财务活动是指企业在生产过程中资金运动和经济利益的客观存在。财务管理是建立在企业再生产过程中财务活动和财务关系客观存在的基础之上的。组织财务活动，处理企业与关联方之间的财务关系，是企业的一项经济管理工作。它是企业管理的重要组成部分。

（二）企业财务管理的内容

企业财务管理体现了资金运动的过程，资金运动的过程始终与一定的财务活动有关。企业财务运动的形式是通过一定的财务活动来实现的。财务活动包括筹资、投资和资金分配等一系列行为。

1．筹资

筹资是指为满足各种财务运作的需要，筹集和集中所需资金的过程。在筹资过程中，企业一方面要确定筹资规模，以保证资金的总量供给；另一方面，要通过选择筹资渠道和筹资方式来保证资金的使用上的质量要求。在保证资金的数量和时间要求的前提下，寻找较低的筹资成本和可接受的筹资风险，保持筹资结构的合理性。

一般来说，企业可以从三个方面筹集资金：一是从所有者那里获得资金形成企业；二是从债权人那里获得资金，以形成企业的债务；三是从企业获利中以留存盈余的形式取得资金，形成企业所有者权益。企业取得的资金可以是货币资金，也可以是实物资产、无形资产等非货币性资金。[①]

2．投资

投资是指以回收现金并取得收益为目的的现金流出，它包括资金的使用、资金的消耗和资金的回收。企业获得资金后，必须将资金投入使用，以获得最大的经济效益；否则，筹资就失去了目的和效用。企业投资可分为广义投资和狭义投资两类。广义投资是指企业将筹集的资金投入使用的过程，包括企业内部使用资金的过程（如购买流动资产、固定资产、无形资产等）以及对外投放资金的过程（如投资购买股票、债券或与其他企业联营等）。狭义投资仅指对外投资。无论是企业内部购买它们需要的资产，

①孙茜．加强企业资金筹集与使用管理研究[J]．中国集体经济，2019（13）：151-152.

还是购买各种证券，它们都需要支付资金。但是，当企业出售内部投资形成的各种资产或收回对外投资时，就会产生资金收益。企业投资产生的资金收付，便是企业因投资而产生的财务活动。

在投资过程中，企业必须考虑到合理的投资规模（即为了保证最佳的投资效益，企业应投入资金数额多少）。同时，企业必须通过投资方向和投资方式的选择来确定合理的投资结构，以提高投资效益，降低投资风险。

3．资金分配

企业在投资后获得收益，并相应地实现资金增值。分配总是作为投资的结果而出现，它是对投资结果的分配。投资的结果是扣除各种成本和费用后的各种收入和利润。因此，从广义上讲，分配是指投资收入和利润的分割和分配的过程；而狭义的分配只是指利润的分配。

企业所得收入要用于支付生产费用，缴纳流转税，其余为企业营业利润。营业利润、对外投资净收益和其他净收入构成企业的利润总额。利润总额必须首先按照国家规定缴纳所得税；税后利润分别从公积金和公益金中提取，扩大积累，弥补亏损，改善职工集体福利设施；其余利润分配给投资者，或者暂时留存企业，或者作为投资者追加投资。企业必须在国家分配政策的指导下，按照国家所确定的分配原则，合理确定分配的规模和分配的方式，以使企业获得最大的长期利益。

二、企业财务管理目标

（一）企业目标

企业是市场经济环境中生存和发展的经济主体。从企业长期生存的需要来看，它不是一个简单的以利润为导向的组织，而是一个对社会负责的平台。在生产社会需要产品的同时，在追求价值保值和增值需求的前提下，以确保自身生存为前提，通过发展更好地为社会大众提供服务，从而获得更长远的发展。

1. 生存

一个企业只有生存下来才能盈利。企业在市场竞争中的生存条件取决于两个方面：第一，企业要维持正常经营所需的资金，就必须保证获得收入，以抵销支出。一方面，企业要支付资金，在市场上获得必要的资源；另一方面，提供市场所需的商品和服务，并从市场上交换资金。企业要进行正常的经营活动，必须保证收到的资金至少与所支付的资金相等。这是企业长期生存的基本条件；第二，企业的到期债务可以按时全额偿还。为了扩大经营规模，满足日常业务周转的需要，企业可以从企业外部借款。当企业不能履行对债权人的偿债义务时，将面临被债权人接管或被法院判定破产的命运。因此，长期亏损是企业终止经营的内在原因，不能偿还到期债务是企业终止经营的直接原因。

2. 发展

企业只有在市场竞争中发展才能生存。企业的发展表现为收入的扩大，以及产品和服务质量的不断提高。如果企业不能扩大自身的市场份额，企业就会被其他企业挤出，从而因为失去生存空间而灭亡。企业的发展来自两个方面：一是企业竞争的软实力，主要体现在企业先进的经营理念、技术和管理等；二是企业拥有的要素资源优势，包括资产、资本、资源占有等相关经营条件。在市场经济条件下，各种资源的获取都需要付出货币，企业的发展离不开资金。

3. 获利

企业只有获利才有生存价值。建立企业的目的是盈利。盈利不仅反映了企业的出发点和归宿，而且概括了其他目标的实现程度，有助于实现其他目标。

（二）按企业目标进行财务管理的要求

1. 生存所需的财务管理

企业生存的两个条件是以收抵支和到期偿债。主要威胁来自两个方面：一是长期亏损，这是企业终止的内在原因；二是到期债务未能偿还，这是企业终止的直接原因。为了维持正常经营，亏损企业被迫进行偿债性筹资、借新债还旧债，如果不能扭亏为盈，迟早会因为借不到钱而使资金无法周转，从而无法偿还到期债务。由于生产经营的扩大，盈利企业也可能需要大量借款，但如果没有足够的资金还债，就必须变卖资产来偿还债务，使生产经营难以为继。因此，财务管理的首要要求是努力保持以收抵支和偿还债务的能力，降低破产风险，使企业能够长期、稳定地生存。

2. 发展对财务管理的要求

企业的发展集中在收入的扩大上。扩大收入的根本途径是提高产品质量，增加销售量。这就需要不断更新设备和技术，并不断提高企业管理人员的素质。即投入更多、更好的物质资源、人力资源，改进技术管理。在市场经济条件下，各种资源的获取都要付出货币，企业的发展离不开资金。因此，筹集企业发展所需的资金是企业财务管理发展的需要。

3. 获利对财务管理要求

获利是建立一个企业的目的，但是为了获得长期的利润，我们需要做好管理工作，处理好企业的眼前利益和长期利益之间的关系。因此，从企业获利的角度看，财务管理的要求是通过合理有效地利用资金使企业盈利。

（三）企业财务管理目标

1. 利润最大化

利润是一定时期内收入总额与支出总额之间的差额，它反映了企业当前业务活动中投入产出比较的结果。利润越多，企业的财富就越大。它在一定程度上反映了企业的经济效益水平，或多或少地反映了企业竞争力的大小，决定了企业的生存和发展。然而，在利润最大化的实践中却存在着一些难题。

一是，没有考虑取得利润的时间。因为利润的取得与一定时期相联系的，利润的形成时间没有说明，也没有考虑资金的时间价值。例如，今年获利100万元和明年获利100万元哪一个更符合企业的目标？不考虑资金的时间价值，很难做出正确的判断。

二是，不考虑盈利与投入资金额的关系。由于利润是以投资资本为基础的，如果不考虑投资资本，就不利于不同资本规模的企业或同一企业在不同时期的比较。

三是，未考虑利润获取与承担风险的关系。例如，利润相同的100万元，一个企业的利润都变成了现金，另一个企业的利润都是应收账款，可能发生坏账损失，如果不考虑风险的大小，很难做出正确的判断。

四是，可能导致企业的短期行为。如果企业忽视技术开发、产品创新、安全生产、绩效、社会责任等，只要求利润最大化，则可能导致企业的短期行为，不利于企业的长期发展。

2. 资本利润率或每股利润最大化

资本利润率是税后利润与资本金额比率；每股利润又称每股盈余，是税后利润与普通股股数比率。前者说明了所有企业的投入产出关系，后者侧重于股份制企业。将资本利润率或每股利润最大化作为财务管理的目标，可以克服利润最大化目标的一些缺陷，有利于不同资本规模的企业或同一企业不同时期的比较，揭示企业盈利水平的差异。但仍然存在两个弊端：一是不考虑盈利时间；二是不考虑利润与风险的关系。

3. 企业价值最大化或股东财富最大化

企业的价值通俗地讲是企业本身的市场价值，它反映了公司未来对投资者的回报。它包括获得的股利和出售股权所取得的现金。在资本管理领域，买卖企业是司空见惯的事，但这种买卖必须通过资本和产权市场进行。在对企业进行市场评价时，要关注企业的持久盈利能力和抵御风险的能力。这一目标既考虑了资金时间和投资风险的价值，又充分反映了企业对资产保值增值的要求，有助于纠正企业的短期行为。

在股份制企业中，股权转让所获得的现金数额反映了公司股东财富的大小。非上市公司在市场上转让产权时，从产权转让中获得的现金是公司的市场价值。股份有限公司的股票价格代表着企业的价值，一般来说，股票价格能够全面地反映公司未来盈利能力、预期收益、时间价值和风险价值的因素及其变化。因此，企业价值最大化或股东财富最大化的目标体现在股票价格的最大化上。

为了使企业价值最大化或股东财富最大化，作为财务管理的目标，其优势在于：一是考虑了资金的时间价值和投资风险的价值，有利于长期和短期规划的统筹安排，投资方案的合理选择、有效的筹措资金以及合理地制定股利政策；二是从某种意义上说，股东财富越多，企业的市场价值就越大。追求股东财富最大化的结果可以促进资产的保值或增值；三是有助于克服管理行为的片面性和短期行为；四是有利于社会资源的合理配置。社会资金通常流向企业价值最大化或股票财富最大化的行业，有利于实现社会效益最大化。

以企业价值最大化或股东财富最大化为财务管理目标，也有其不足之处，具体表现在以下几点：一是对上市企业来说，股票价格虽然可以通过股价的变化来揭示企业的价值，但股票价格是多种因素共同作用的结果，特别是在短期市场中，股价并不能直接反映企业的盈利能力。只有长期趋势才能做到这一点；二是为了控股或稳定购销关系，许多现代企业采用了环形持股的方式。法人股东与个人股东相比，法人股东对股票市场价值的敏感性比个人股东要低得多，法人股东对股票价格最大化的目标也不够感兴趣；三是对非上市企业而言，只有对企业进行专门的评估才能真正确定其价值。在评估企业价值时，由于评估标准和评估方法的影响，难以客观准确地评估企业价值，这也给企业价值的确定带来了困难。

三、企业财务管理原则

企业财务管理原则是企业在财务管理工作中必须遵守的基本要求和行为准则。它是从企业财务管理的实践经验中总结出来的，反映企业财务管理活动规律性的行为规范，是企业财务管理的基本要求。为了保证企业财务目标的实现，企业财务管理原则一般应包括以下几个方面。

（一）成本—效益原则

企业的财务管理不仅要关注资金流量，还要关注资金的增值。资金增值并不是指通过筹集活动获得的资金的增加，而是指企业生产经营活动产生的经营成果，即利润。资金增值涉及成本和收益两个基本因素。成本—效益原则是对企业生产经营中的成本和收益进行比较分析，使成本和收益达到最佳组合，进而获得更多的利润。

企业财务管理的目标是坚持企业价值最大化。要实现这一目标，必须不断提高企业经济效益，坚持成本—效益原则。成本—效益原则贯穿于企业的所有财务活动中，例如，在进行投资决策时，必须将投资额与经营期不断流入的收益进行比较；在筹集资金时，应对资金成本率和资金利润率进行比较和分析。在企业经营活动中，企业所承担的一切成本都是为了获得收益，并可与其相关的收入进行比较。因此，企业在财务活动中必须贯彻成本—效益原则。

（二）收支平衡原则

在企业财务管理中，应努力实现资金收支在数量上和时间上的动态平衡，这是企业财务管理的收支平衡原则。从会计角度看，资产等于负债和所有者权益，这是一种必然的平等关系，即资本的静态平衡。企业财务管理不仅追求静态平衡，而且追求资金收支在数量和时间上保持动态的协调平衡。

企业的财务收入是指一个资金循环的结束，企业的财务支出是另一个资金循环的开始。因此，基金的收支不仅在数量上，而且在时间上保持协调平衡。当然，收不抵支必然会导致资金周转中断或停滞，尽管每月收支总额能够平衡，而且大部分支出发生在先，大部分收入形成在后，也必然会妨碍资金的顺利周转。

收支平衡原则是企业财务管理的基本原则，企业财务管理过程是追求收支平衡的过程。如果不需要平衡，就没有必要进行财务管理。只有实现财务收支的动态平衡，才能更好地实现企业财务管理的目标。在企业财务管理实践中，现金的收支计划、证券投资决策、筹资数量决策等都必须遵循这一原则。

（三）弹性原则

弹性原则是指在企业财务管理中，在追求准确性和经济性的同时，要保持合理的回旋余地，这是企业财务管理的弹性原则。

在企业财务管理中，之所以保持一定的弹性，主要是由于以下原因：一是企业财务管理环境复杂多变，目前缺乏完整的控制能力；二是企业财务管理人员的素质和能力不能达到理想状态，管理上可能会出现偏差；三是企业财务预测、财务决策、财务计划是对未来的一种粗略规划，也不可能完全准确。因此，有必要在企业财务管理的各个方面和环节上保持调整的空间。

把握企业财务管理原则的关键是防止弹性过大或过小，因为过大的弹性会造成浪费，而过小的弹性会带来更大的风险。因此，在确定弹性的大小时应考虑下列问题：一是企业适应财务环境的能力，企业适应财务环境的能力越强，其弹性可以越小；否则，企业的弹性就应该越大。二是不利事件发生的概率，不利事件发生的可能性越小，弹性就越小；否则，弹性就越大。三是企业承担风险大小的意愿，如果企业愿意承担更大的风险，那么弹性就会变小；如果企业愿意承担较小的风险，那么弹性就会大一些。

第二节　企业财务管理方法

企业财务管理的方法是为了实现财务管理的目标，完成财务管理的任务，运用多种技术和手段开展财务活动。要做好财务管理工作，就必须掌握这些方法。这些方法包括财务预测方法、财务决策方法、财务计划方法、财务控制方法和财务分析方法。这些财务管理方法应相互配合，同时注意运用企业会计核算的相关资料的使用，正确处理会计与企业财务管理的关系。

一、财务预测方法

财务预测是根据历史数据和实际情况，运用特定的方法，对企业未来的财务活动和财务成果进行科学的预计和测量。财务预测是提高财务管理的预见性、避免盲目性、追求最佳财务效果的重要措施。

财务预测的作用如下：财务预测是财务决策的基础；财务预测是编制财务计划的前提；财务预测是日常财务活动的必要条件。

财务预测程序一般包括：一是确定预测的目标和对象，通过确定预测的目标和对象，可以清楚地实现预测的目的、内容和范围。二是资料收集与分析，对与预测对象相关的历史资料和现实资料进行分析整理，去伪存真、去粗取精。三是选择特定的预测方法进行预测，根据预测的目的和掌握资料的具体情况，从多种预测方法中选择一种或几种合适的预测方法，进行定性和定量预测，得到初步的预测结果。四是编写预测报告，根据预测结果，对各种方案进行科学论证，并编写出预测报告。

财务预测方法很多，应根据具体情况有选择地使用。企业财务管理中常用的方法有定性预测法和定量预测法。

（一）定性预测法

定性预测法，又称经验判断法，是一种凭借个体或集体智慧和经验进行分析和预测的方法。这种方法通常是在缺乏完整和准确的信息的情况下使用的。预测过程如下：首先，由熟悉企业财务状况的专家，根据以往积累的经验进行分析和判断，提出初步的预测方案；其次，通过举办座谈会等形式，对上述预测方案进行讨论和补充，最后得出预测结果。

（二）定量预测法

定量预测法是基于变量之间的数量关系，建立数学模型来预测的方法。定量预测法可分为趋势预测法和因果预测法。

趋势预测法是根据事物发展的连续性，对历史资料按时间顺序排列进行预测的方法。由于历史资料按时间顺序排列，故又称时间序列预测法。该方法可分为算术平均法、加权平均法、指数平滑法、直线回归法和曲线回归法。

因果预测法是以历史资料为基础，通过细致的分析，找出被预测因素与其他因素之间的因果关系，建立数学模型来进行预测的一种方法。

二、财务决策方法

财务决策是指在财务预测的前提下，在多种经营活动和财务活动中选择最优方案的过程。它决定着企业资金使用的方向和效果。财务决策的内容一般包括筹资决策、投资决策和利润分配决策等。财务决策包括以下几个步骤：确定决策的目标；提出备选方案；选择最优方案。

财务决策方法有多种，在企业财务管理中有以下几种常见的方法。

（一）优选对比法

优选对比法是将不同的方案排列在一起，并根据各自的经济效益进行决策的方法。它是财务决策的基本方法，可分为总量对比法、差量对比法和指标对比法。

1．总量对比法

总量对比法是对比不同方案的总收益、总成本或总利润，以确定最佳方案的一种方法。

2．差量对比法

差量对比法是一种对比不同方案的期望收入之间的差额，以获得差量，然后做出决策的方法。

3．指标对比法

指标对比法是通过对比不同方案的经济效益指标，确定最优方案的一种方法。例如，在进行长期投资决策时，可以比较不同投资方案的净现值（NPV）、收益率（IRR）和现值指数，并选择最优方案。

（二）数学微分法

数学微分法是根据边际分析原理，利用数学微分法，求解了带曲线连接的极值问题，进而来确定最优方案的决策方法。

（三）线性规划法

线性规划法是根据运筹学原理，对具有线性联系的极值问题进行求解，从而确定最优方案的决策方法。

（四）概率决策法

这是一种风险决策方法，因为企业对未来情况并不十分清楚，但可以预测各个相关因素的未来情况和概率，因此我们采用概率统计的方法来计算每个项目的期望值和标准离差，以做出决策。

三、财务预算方法

财务预算是运用专业的技术手段和数学方法，根据企业的管理要求和实际情况，对未来的财务活动进行科学的安排。它不仅是财务预测和财务决策所决定的企业目标的体现，也是财务控制和分析的主要依据。

财务计划的编制步骤如下：分析财务环境，确定预算指标；协调财务能力，组织综合平衡；选择预算方法，编制财务预算。

财务预算主要有以下两种方法。

（一）固定预算法

固定预算法是按照计划期内固定单一的经济活动水平来编制预算的一种方法。这种方法的主要特点是，在编制预算之后，除特殊情况外，一般不作变化，相对固定。固定的财务预算是由一些财务指标组成的。确定指标的方法有平衡法、因素法、比例法和定额法。

1. 平衡法

平衡法是利用相关指标的客观平衡关系来计算和确定预算指标的一种方法。例如，在确定某一时期的现金期末余额时，可以使用以下公式：

现金期末余额 = 期初现金余额 + 计划期现金增加额 - 计划期现金减少额

2. 因素法

在编制财务预算时，根据影响某项目指标的各种因素，来推算该指标预算数的方法称为因素法。用因素法得到的结果一般是准确的，但计算过程比较复杂。

3. 比例法

在编制财务预算时，根据企业历史已经形成而又相对稳定的各项指标的比例关系，来计算指标的方法称为比例法。例如，在计算某一时期的支出数额时，可以根据历史上的资金占用额占销售收入的比例和预算期销售收入来进行计算、确定。比例法的优点是容易计算，但所用的比例必须适当，否则会有偏差。

4. 定额法

定额法是以定额作为预算指标编制财务预算的方法。在有良好定额管理基础的企业，采用定额法确定的计划指标不仅具有实用性，而且有利于定额管理与计划管理的结合。但是，要始终注意根据实际情况不断修改定额，使定额切实可行。

（二）弹性预算法

弹性预算法是企业在不能准确预测业务量的情况下根据资金成本、利润与业务量之间有规律的联系，按照一系列不同的业务量来编制预算的一种方法。编制弹性预算法的一般程序如下：选择和确定经济活动水平的计量单位（如产品产量、直接人工小时、销售量）；在确定不同条件下企业活动水平的范围时，通常以在正常生产经营条件下占业务量的70%～120%，弹性区间为5%～10%；在资金、成本、利润和业务量下确定预算指标；弹性预算是通过一定的表格编制的。

弹性预算编制的主要优点是能够适应不同实际经营水平的需要，其缺点是编制工作更加烦琐。

四、财务控制方法

财务控制是指利用相关信息和特定手段，对企业财务活动进行影响或调节，使其按照既定的目标和轨迹运行的过程。实施财务控制是执行预算任务、确保预算实现的有效措施，它也是企业财务管理的关键。财务控制要经过以下几个步骤：制定控制标准，分解落实责任；进行跟踪控制，及时调整误差；分析执行情况，做好奖惩评估工作。

有许多财务控制方法，其中最常见的方法有如下几种。

（一）防护性控制

防护性控制又称排除干扰控制，是指财务活动之前制定的一系列制度和规章，可能存在的差异予以排除的控制方法。例如，为了确保现金的安全和完整，必须明确现金的使用范围，建立一个良好的内部遏制系统；为了节省各种费用，可以预先制定支出标准等。排除干扰是最彻底的控制方法，但排除干扰需要对被控对象具有绝对的控制能力。在财务管理中，各种预先建立的标准、制度、规定都可以看作排除干扰的一种方式。

（二）前馈性控制

前馈性控制又称补偿干扰控制，是一种监控实际财务系统运行，科学预测可能出现的偏差，并采取一定措施消除差异的控制方法。这种方法需要掌握大量的信息，并进行准确的预测。

（三）反馈性控制

反馈性控制又称平衡偏差控制。在认真分析的基础上，找出实际与计划的差异，找出产生差异的原因，采取有效措施调整实际财务活动或调整财务计划，是消除或避免今后出现类似差异的一种控制方法。

五、财务分析方法

财务分析是在相关信息的基础上，运用特定的方法对企业的财务活动及其结果进行分析和评价。通过财务分析，可以掌握各项财务计划指标的完成情况，评价企业财务状况，研究和掌握企业财务活动规律，改进财务预测、决策、计划和控制，提高企业经济效益，提高企业管理水平。财务分析包括以下几个步骤：占有资料和掌握信息；对比指标揭露矛盾；分析原因，明确责任；提出改进工作的措施。

有三种常用的财务分析方法，即对比分析法、比率分析法和因素分析法。

（一）对比分析法

对比分析法，又称比较分析法，是一种通过比较两个或多个相关指标来揭示企业财务状况和经营结果来确定数量差异的分析方法。在实际工作中，对比分析法的主要形式有实际指标与计划指标对比、同一指数纵向对比以及同一指数横向对比三种形式。

1．实际指标和计划指标的比较

通过对实际指标与计划指标的比较，找出实际指标与计划指标的差异。差异可以反映该计划的执行情况，并解释该计划的完成程度。如果企业的实际财务指标达不到预期目标，则存在差异。应进一步查明原因，以改进财务管理。

2. 同一指标纵向对比

对同一指标在不同时期的比较，一般与历史指标和本期实际指标相比较。在财务分析工作中，有三种使用历史指标的具体方法：第一，实际指标在期末和期初（上个月、季度、去年或去年同期），比较结果可以反映企业财务活动的发展情况，评价企业财务管理的改进情况；第二，本期指标与历史同期的指标进行比较；第三，将本期指标与历史上最好的水平进行比较。在财务分析中采用历史标准，有利于企业拓宽视野，吸收和拓展先进经验，充分挖掘内部潜力，学习先进，迎头赶上，促使企业向更高的目标迈进。

3. 同一指数的横向比较

在企业中，一般用来比较同类型的企业。在企业内部，实际指标可以与先进的车间、班组、先进个人的先进指标相比较。通过比较，找出差距，有利于揭示财务状况和经营成果的变化趋势和差距的存在。

运用对比分析方法对企业财务状况进行分析时，应注意以下几点：第一，实际指标应与所对比的指标的计算口径一致。所谓计算口径一致，指的是实际财务指标所包含的内容、范围要与对比指标相一致；否则，两者之间就没有可比性；第二，实际指标与对比指标的时间期限应该是一致的，即实际指标与对比指标的计算时间一致。例如，实际指标是年度指标，那么对比指标也应是年度指标，否则两者是不可比较的；第三，实际指标和对比指标的计算方法必须是一致的，即实际指标和对比指标的计算方法不仅要一致，而且影响指标的因素的内容也应该是一致的，否则就不能进行比较；第四，要注意企业之间的技术条件和其他经济条件是否大体相近。

总之，只有将具有可比性的指标进行比较，才能使比较的结果有意义，否则就无法得到准确的说明。

（二）比率分析法

比率分析法是一种利用财务报表中相关价值的比率来揭示企业财务状况和经营结果的分析方法。在企业财务分析中，比率分析法由于仅用相关数值的绝对数对比，不能深入揭示事物的内在矛盾，而比率分析法是一种从财务现象向本质深化的一种方法，因而得到了广泛的应用。比率分析法比比较分析法更科学，主要体现在以下几个方面。

1．相关比率

以企业财务活动之间相互依存、相互关联的关系为基础，比较了两种不同但又相关的指标值，以研究企业财务活动的客观关系，加深对企业财务状况的了解。例如，通过将资金指标与销售指标和利润指标进行比较，可以找出企业的资金周转率和资金利润率，从而更深入地揭示企业的财务状况和经营成果。

2．构成比率

构成比率又称结构比率，是经济指标各组成部分与整体的比值，反映了部分与整体的关系。公式为：

$$\text{构成比率} = \frac{\text{某个组成部分数值}}{\text{总体数值}} \times 100\%$$

利用这一构成比，可以考察总体中某个部分的形成和安排是否合理，以便协调财务活动。

3．动态比率

这是指对某一指标不同时期的数值进行比较，计算比率，观察财务活动的动态变化程度，分析相关指标的发展方向和增减速度。由于基数值的不同所以计算出来的动态比率也不同，它有以下两种形式。

（1）固定基准比率：也就是说，动态比率是以一定周期的固定值作为基期的数值来计算的。公式为：

$$\text{定基比率} = \frac{\text{比较期数值}}{\text{固定基期数值}} \times 100\%$$

（2）环比比率：即以每个比较期的上一期间的值作为基期计算的动态比率。公式为：

$$环比比率 = \frac{比较期数值}{前期数值} \times 100\%$$

比率分析法是财务分析的主要方法。通过对各种比率的计算和比较，可以基本反映企业的偿债能力、盈利能力、资金周转情况和盈余分配情况。该程序简洁易懂，受到相关分析人员的欢迎。

（三）因素分析法

因素分析法是在衡量某一财务指标与所设定的比较指标的差异时，分析各因素的影响程度的方法。利用该方法，可以得到各种制约因素变化对综合指标影响程度的数据，有助于了解原因，明确责任，评价企业管理工作。同时，我们也可以通过因素分析法，抓住主要矛盾，有的放矢地解决问题。

运用因素分析法，应注意以下几个问题。

1. 各因素的相关性

也就是说，每一个被分解的因素都必须与总指标有因果关系，客观上就构成了指标差异的制约因素，否则就会失去因素分析的价值。

2. 因素替代的顺序性

在替换因素时，必须遵循各因素的主、次依存关系，按一定顺序排列并依次替换，不能颠倒，否则会得到不同的计算结果。因此，在使用因素分析之前，确定一个正确的替代程序是一个重要的决策。确定各因素排序的一般原则是：先是数量因素，然后是质量因素；先是物理量因素，然后是价值数量因素；先是主要因素，然后是次要因素。

3. 顺序替代的连环性

各因素的变化对总指数的影响是在以往计算的基础上进行的，各因素变化的结果是通过序列比较的方法来确定的。这是因为只有在计算过程中保持连环性才能使各个因素的影响数之和恰巧等于总指标的比较差异，这也是检验和验证分析计算数据正确性的基础。

4. 计算结果的假定性

正是由于连环替换序列的不同，计算和分析结果不同，所以因素分析应用中的假设原理是无可非议的，如果留下一些假定的前提，就不会形成分析方法和结论。显然，寻求使分析的假定具有合乎逻辑和贴近现实需要是使用因素分析法应认真对待的问题。

第三节　企业财务管理技能

一、资金时间价值分析

时间价值是一个客观的经济范畴，任何企业的财务活动都是在特定的时间和空间内进行的。没有时间价值因素，就不可能正确计算不同时期的财务收支。资金时间价值原则正确地反映了资金在不同时间点之间的转换关系，是财务决策的基本依据。

（一）资金的时间价值概念

资金的时间价值是指一定数量的资金在不同时间点上价值的差异，即资金在使用过程中所产生的增值。资金的时间价值是资金所有者转移资金使用权、参与社会财富分配的一种形式。它是由时间因素形成的差额价值。它表明相同数额的钱在不同的时间有不同的价值。例如，如果我们在银行存1 000元，年利率是10%，一年后我们就能得到1 100元。经过一年的投资，这1 000元增加了100元。这100元的差额就是资金时间价值。通常，资金的时间价值等于没有风险和通货膨胀条件下的社会平均资金利润率。

要真正理解资金的时间价值，就必须把握好以下三个方面：

首先，资金的时间价值是在企业的生产、经营和流通过程中产生的。西方学者把资金的时间价值理解为“投资者拖延消费的耐心回报”，既不科学，也不全面。如果“耐心”也能产生价值，那么让钱闲置或埋在地下难道也能产生价值那岂不是无稽之谈？只有把资金投入生产、经营和流通的过程中，才能实现增值。因此，资金的时间价值只能在生产、经营和流通过程中产生。其次，资金时间价值的真正来源是劳动者创造的剩余价值。根据马克思的劳动价值论，资金时间价值是劳动者在生产过程中创造的，是资金与劳动力结合的结果，是生产资料的货币表现形式。最后，资金时间价值的确定是以社会平均利润率或平均收益率为基础的。资金的时间价值一般表示为每一时间单位（通常为一年）报酬和投资额的百分比，即按利率计算。一般利率，如银行存款利率、贷款利率、各种债券利率、股票利率等，都可以视为投资报酬率，但与资金时间价值的利率不同。只有在没有风险和通货膨胀的情况下，资金的时间价值才等于上述回报率。

我国资金时间价值的概念一般表示为扣除风险报酬和通货膨胀折价后的实际报酬率。

总之，资金的时间价值是指不考虑风险和通货膨胀的资金平均利润率或平均投资报酬率。它是在生产、经营和流通过程中产生的，其真正来源是劳动者创造的剩余价值。

（二）资金的时间价值形式

资金的时间价值可以用绝对数或相对数表示。以绝对数的形式，资金的时间价值表示在一段时间内资金价值的增加，这可以作为存款利息、债券利息或股票红利来表示。资金的时间价值以相对数的形式，代表了资金在不同时期的增值，可以表现为存款利率、证券投资回报等。通常，资金的时间价值等于没有风险和通货膨胀的资金的平均利润率。

资金在不同的时间点具有不同的价值，而不同的资金点不能直接进行比较，它们必须转换到同一时间点进行比较。

（三）资金时间价值的计算

1. 计算一次性付款的终值和现值

一次性付款是指在某一时间点一次性支出或收取，以及在一段时间后一次性收回或支出的款项。例如，年初有人在银行定期存款10 000元，年利率为2.5%，年底提取10 250元，这就属于一次性收付款项。

终值，又称未来值或本利和，是指某一笔资金在未来某一时刻的价值。

现值也叫本金，就是指将来某一时间点的一定量资金折合到现在的价值，如果在上面的例子中一年后的10 250元是在年利率为2.5%的情况下，现在的折价值是10 000元的话，这10 000元是现值。

2．年金的终值和现值（等额系列收付款的终值和现值）

年金又称等额系列收付款项，是指等金额、等间隔的一系列项目的收付款项。例如，大学生每年支付的学费大致相同；租户每月支付的房租大致相同；定期保险付款；养老金支付；分期付款赊购；按直线法计算的固定资产折旧金额属于等额系列收付项目。

年金一般具有以下特点：一是等额性，也就是说，每个时期收到和支付的金额必须相等；二是连续性，即这个项目的发生必须是一系列的，在一定的时间内间隔相同的时间发生一次，不能中断，即必须有两个或两个以上的收付款项；三是均匀性，即每个收付项目之间的间隔必须相等，即有固定的间隔期，可以是一年、半年、四分之一年、一个月等。

根据各收付项目的不同时间点，年金可分为普通年金、预付年金、递延年金和永续年金。

二、风险价值分析

资金时间价值的衡量标准是在无风险和无通货膨胀情况下的社会平均资金报酬率。但是在企业经营和财务活动中，风险是无时无处不在的，它对企业经营成果和财务状况有着深远影响。因此，树立风险报酬概念，也是财务管理的一项重要价值观念。

（一）风险的概念及分类

1．风险的概念

风险一般是指事件未来结果的不确定性。风险是一个非常重要的概念，任何决策都有风险，风险观念在理财中具有普遍意义。

首先，风险不等于危险，风险不仅包括负面效应的不确定性，也包括正面效应的不确定性。而危险仅仅指负面效应，是损失发生及其程度的不确定性，可以说危险只是风险的一部分；其次，风险是“一定条件下”和“一定时期内”的风险，在什么时候，买哪一种股票或哪几种股票，各买多少，风险是不一样的。这些问题一旦决定下来，风险大小就无法改变了。这就是说，特定投资风险大小是客观的，你是否去冒风险，以及冒多大风险，是可以选择的，是主观决定的。例如，若是投资于国库券，其收益的不确定性较小；若是投资于股票，则收益的不确定性将大得多。最后，风险的大小随时间延续而变化。我们对一般投资项目成本，事先的预计可能不很清楚，但越接近完工越准确。随着时间延续事件的不确定性在缩小，事件完成其结果也就完全肯定了。

风险主要表现为不确定性，风险不仅可能带来超出预期的损失，也可能带来超出预期的收益。任何投资者总是希望有一般确定的报酬率，而不希望有风险，但是客观理财环境的复杂多变性和人们主观认识的局限性，导致人们对事物发展及其结果认识的不确定性，因此，风险总是客观存在的。国库券属于无风险的证券，普通股则属于有风险的证券。证券的不确定性越大，其风险也就越大。

在商品经济条件下，进行投资决策所涉及的各个因素可能是已知的、确定的，但在实践中往往对未来情况并不十分明了，各种情况发生的可能性也并不清楚。因此，根据对未来情况的掌握程度，投资决策可分为以下三种类型：第一，确定性投资决策，是指未来的情况是完全确定的或已知的投资决策；第二，风险性投资决策，是指未来情况不能完全确定，但各种情况发生的可能性可以估计的投资决策。如经济状况好时可获得30%的报酬率，其可能性为30%；经济状况一般时可获得15%的报酬率，其可能性为50%；经济状况萧条时可获得5%的报酬率，其可能性为20%。这种投资就属于风险性投资；第三，不确定性投资决策，是指未来情况不仅不能完全确定，而且各种情况发生的可能性也不能估计的投资决策。事实上，对不确定性事件未来结果发生的概率可以根据大量历史资料和主观经验进行合理估计。因此，人们把风险性投资决策和不确定性投资决策统称为风险性投资决策。

2. 风险的分类

（1）从个别投资主体的角度看，风险分为市场风险和公司特有风险

①市场风险：市场风险又称不可分散风险或系统风险，是指那些能够影响所有公司的因素所引起的风险，如国家政策变化、战争、通货膨胀、利率变化、世界能源状况的改变等。这类风险涉及所有的投资对象，不能用多元化投资来分散。

②公司特有风险：公司特有风险又称可分散风险或非系统风险，是指发生于个别公司的特有事件造成的风险，如新产品开发失败、没有争取到重要合同、工人罢工、产品开发失败、诉讼失败等。这类事件是随机发生的，不是每个企业都面临的，只发生于个别企业，因而可以通过多元化投资来分散。也就是说，企业特有风险可以通过将资金投资于多种资产来有效地分散，如购买股票，可以同时购买多种不同的股票，一家公司出现了不利因素，可以被其他公司的有利因素所抵消，比只购买某一种股票风险要小。

（2）从公司本身来看，风险分为经营风险和财务风险

①经营风险：经营风险又称商业风险，是指生产经营的不确定性给企业营利带来的风险，它是任何商业活动都有的。经营风险主要来自以下几个方面：一是市场销售，市场需求、市场价格、产品产销量的不稳定等；二是生产成本，原料的供应和价格、生产效率、工资水平等；三是生产技术，设备事故、产品出现质量问题、新技术的出现等；四是其他因素，天灾、经济不景气、通货膨胀、合作伙伴没有履行合同等。①

②财务风险：财务风险又称筹资风险，是由于负债而给企业增加的风险，或因筹资决策带来的风险。公司的资本结构，即公司总资本中负债与

①钟吉娜．财务风险管理在企业经营分析中的应用[J]．纳税，2021，15（30）：69-71.

权益（股本）之比决定了企业财务风险的大小。负债资本在总资本中所占比重越大，企业的财务负担就越重，财务风险就越大。因此，必须确定合理的资金结构，既要提高资金盈利能力，又要防止财务风险加大。例如，某公司股本1 000万元，好年景每年盈利200万元，股东资本报酬率20%；坏年景每年亏损100万元，股东资本报酬率-10%。假设预期公司今年是好年景，借入资本1 000万元，利息率为10%，预期盈利400万元（20%），付息后盈利为300万元，资本报酬率上升为30%（300/1 000），这就是负债经营的好处。但是，这个借款决策加大了原有的风险。如果借后遇上的是坏年景，企业付息前亏损是200万元，付息100万元后亏损300万元，股东的资本报酬率是-30%。这就是负债经营的风险。

（二）风险衡量

风险是客观存在的，广泛影响着企业的经营活动和财务活动。为了能够科学地做出正确的决策，必须正视风险，并对风险程度予以量化，进行较为准确的衡量，这也是财务管理工作中的一项重要工作。对风险进行衡量时，需要使用概率与统计方法。衡量标准主要有概率分布、期望值、标准离差、标准离差率等。

1. 概率分布

概率分布是指任何一项随机事件可能发生的机会。在完全相同的条件下，某一事件可能发生也可能不发生，可能出现这种结果也可能出现另外一种结果，这类事件称为随机事件。例如，预测某公司一投资项目的收益率15%的概率是0.3，意味着企业获得15%投资报酬率的可能性是30%。概率就是用来反映随机事件发生的可能性大小的数值，一般用X表示随机事件，X_i表示随机事件的第i种结果，P_i表示第i种结果出现的概率。

概率必须符合下列三个要求。

（1）任何事件的概率都在0和1之间，即$0 \leqslant P_i \leqslant 1$。

（2）所有可能结果的概率之和等于1，即$\sum_{i=1}^{m} P_i = 1$（i=1，2，…，n），

n表示可能出现的结果的个数。

（3）必然事件的概率等于1，不可能事件的概率等于0。

如果把事件的所有可能结果都列示出来，并且每一种结果都对应一种概率，把它们列示在一起，便构成了概率分布。概率分布有两种类型：一种是离散型分布，也称不连续的概率分布，其特点是概率分布在各个特定的点（X值）上；另一种是连续型分布，其特点是概率分布在连续图像的两点之间的区间上。两者的区别在于，离散型分布中的概率是可数的，而连续型分布中的概率是不可数的。

2. 期望值

期望值是指各种可能发生的结果以各自相应的概率为权数计算的加权平均值，反映事件的集中趋势。期望值通常用符号$\overline{E}$表示，其计算公式为：

$$\overline{E} = \sum_{i=1}^{n} x_i P_i \ (i = 1,2,\cdots,n)$$

3. 标准离差

标准离差是指各种可能的收益（或报酬率）偏离期望收益（或期望报酬率）的综合差异，是用来反映随机变量和期望值之间离散程度的一个量。其计算公式为：

$$\sigma = \sqrt{\sum_{i=1}^{n}\left(x_i - \overline{E}\right)^2 \times P_i} \ (i = 1,2,\cdots,n)$$

式中：x_i——随机变量；

$\overline{E}$——期望值；

P_i——概率。

标准离差以绝对数衡量决策方案的风险，在期望值相同的情况下，标准离差越大，风险越大；标准离差越小，风险越小。标准离差只是个绝对值，而不是一个相对值，它只能用于反映某决策方案的风险程度，或者比较期望报酬率相同的决策项目的风险程度。

4. 标准离差率

标准离差率是标准离差与期望值的比值，它是以相对数来衡量风险大小的统计指标。通常用符号v表示，其计算公式为：

$$v = \frac{\sigma}{\overline{E}}$$

标准离差率是一个相对指标，它以相对数反映决策方案的风险程度。标准离差作为绝对数，只适应于期望值相同的决策方案风险程度的比较。对于期望值不同的决策方案，评价和比较其各自的风险程度只能借助于标准离差率这一相对数值。在期望值不同的情况下，标准离差率越大，风险越大；标准离差率越小，风险越小。

通过上述方法对决策方案的风险加以量化后，决策者完全可据此做出决策。一般来说，对于多方案进行决策选择时，决策者的行为准则一般应是选择低风险高收益的方案，但实际中高收益往往伴随着高风险，低收益方案其风险程度也较低，究竟选择何种方案，需要衡量期望收益与风险大小，另外还取决于决策者对风险的态度。对风险比较反感的人，可能会选择期望收益较低风险也较低的方案，偏好风险的人则更愿选择高风险高收益的方案。

（三）风险报酬

一项投资获得的报酬通常由两部分组成：一是货币时间价值，这部分收益不承担风险，是无风险的报酬；二是风险报酬，即投资者因冒风险进行投资而要求的超过资金时间价值的那部分额外报酬。它的表现形式有风险报酬额或风险报酬率。在实务中以风险报酬率表示。

企业用了投资人的钱去做生意，最终投资人要承担风险，因此他们要求期望报酬与风险相适应。如果不考虑通货膨胀，投资者冒着风险进行投资所希望得到的投资报酬率是无风险报酬率和风险报酬率之和，其计算公式为：

$$\text{期望投资报酬率}(K_i) = \text{无风险报酬率}(R_F) + \text{风险报酬率}(R_R)$$

无风险报酬率是指不存在任何风险的投资报酬率，一般可用政府发行的同期国债利率表示。风险报酬率是投资者因冒风险进行投资而获得的额外报酬，可以表述为风险价值系数与标准离差率的乘积。其计算公式为：

$$风险报酬率(R_R) = 风险价值系数 \times 标准离差率$$

一般而言，企业投资或经营所冒的风险越大，要求的风险报酬也就越高，表示风险报酬的报酬率与反映风险程度的标准离差率成正比关系，标准离差率转换为风险报酬率，需要借助于风险价值系数这一参数。

风险价值系数的大小取决于投资者对待风险的回避态度。如果大家都愿意冒风险，风险价值系数就小，风险报酬不大；如果大家都不愿意冒风险，风险价值系数就大，风险报酬就比较大。决定风险价值系数的大小有以下几种方法。

1．根据以往同类项目的有关经验数据确定

根据以往同类项目的投资报酬率、无风险报酬率和标准离差率等历史资料，可以计算风险价值系数。其计算公式为：

$$投资报酬率 = 无风险报酬率 + 风险价值系数 \times 标准离差率$$

2．由企业决策者或有关专家决定

如果说无以往同类项目的经验，就可根据主观的经验来确定，这时风险价值系数的确定在很大程度上取决于决策者对待风险的态度。敢于冒风险者，可以把风险价值系数定得低一些，把风险缩小；不敢冒风险者，可以把风险价值系数定得高一些，把风险夸大。

3．参照国家有关部门提供的资料决定

国家财政、银行、证券等部门可组织有关方面的专家，根据各行业的条件和有关因素，计算其风险价值系数。这种风险价值系数的国家参数由有关部门定期发布，供投资者参考。

（四）风险的对策

1．规避风险

规避风险是所有企业应首先考虑的风险对策。当风险所造成的损失不能由该项目可能获得的利润予以抵偿时，规避风险是最可行的方法。例如，拒绝与不守信用的厂商进行业务往来；放弃可能导致损失的投资项目。

2. 降低风险

降低风险主要包括两个方面的含义：一方面是控制风险因素，减少风险发生；另一方面是控制风险发生的频率，降低风险损害的程度。降低风险常用的方法包括：①进行准确的预测，增强风险意识；②对决策进行多方案优选，准备替代方案；③采取降低风险的保护措施，预先防范风险。

3. 转移风险

转移风险是指企业以一定的代价，采取某种方式、措施将发生的风险损失转移出去的风险防范方式。转移风险可以分为保险转移和非保险转移。保险转移是通过向保险公司投保的方式，将项目部分风险损失转移给保险公司承担。非保险转移是将项目的一部分风险损失转移给项目承包商，如在联合开发、租赁承包、合资合营、安装施工等过程中通过签订合同的方式将部分风险损失转移给合同方承担。

4. 接受风险

对于损失较小的风险，如果企业有足够的财力和能力承受损失，可以采取风险自担或风险自保，自行消化风险损失。风险自担是指风险损失发生时，直接将损失摊入成本、费用或冲减利润；风险自保是指企业预留一笔风险基金或有计划地计提风险基金，如坏账准备金、跌价准备金等。

第二章　筹资管理

第一节　筹资动机与要求

筹资是企业根据其经营实际，通过筹资渠道和金融市场，采取适当的筹资方式，筹集生产经营或资本结构调整资金，合理估计资本需求的一种财务活动。资金筹集是企业资金流动的起点，是企业财务管理的重要内容。这对于企业的建立、生存和发展，乃至企业财务目标的实现，都具有重要的意义。

一、筹资动机

企业的筹资活动都是在一定的动机控制下完成的。一般来说，目的是获得资金，但是具体的分析却是不一样的。基本可以概括为新建筹资动机、扩张性筹资动机、调整性筹资动机和混合性筹资动机。

（一）新建筹资动机

新建筹资动机是企业新建后为满足正常生产经营需要而筹集资金的动机。根据有关法律，企业设立时必须有一定的资本，不得低于国家规定的限额。因此，新建企业时，必须根据企业政策确定的生产经营规模，对固定资金和流动资金的需求进行审批，并筹集相应的资金。

（二）扩张性筹资动机

扩张性筹资动机是为了满足企业扩大生产经营规模或增加外部投资。例如，市场突然对企业有利、产销蓬勃发展、企业产品的良好信誉、供不应求、淘汰老产品、上市新产品等，都会刺激企业的扩张心态，从而增加筹资需求。扩张性筹资的结果是企业总资产和筹资总额的增加，最终可以扩大企业的生产经营规模。

（三）调整性筹资动机

调整性筹资动机是企业调整现有资本结构的动机。资本结构是指企业各种筹资方式的组合及其比例关系。由于筹资方式的不同，企业在不同时期有不同的资本结构，但随着企业经营方式的变化，原有的资本结构可能不再合理，企业需要通过调整来优化资本结构。一般认为，资本结构筹资可能导致企业总资产和筹资总额的增加，也可能使总资产和筹资总额保持不变，在特殊情况下，也可能导致总资产和总资金的减少。

（四）混合性筹资动机

为扩大规模和调整资本结构而筹集资金的动机称为混合性筹资动机。混合性筹资的结果是，它既扩大了企业的资本规模，又还清了部分旧债。它是一种结合筹资的扩张性和调节性的筹资行为。

二、筹资的要求

筹资作为企业财务管理的出发点，直接影响着财务管理的最终效果。何时、通过什么渠道、以什么方式以及筹资的数量和成本构成筹资的重要因素。一般而言，筹资决定应遵循以下几个要求。

（一）合理性要求

企业在不同时期的资金需求往往不同，因此有必要根据实际情况合理估计资金规模，合理安排筹资时间。在资金数量上，既要保证合理的供给，又要保证不超过合理的需求，防止企业因资金不足而影响正常运营，资金过剩降低资金使用效率。从筹集时间上，要把握好筹集资金的时间，既不早也不晚，过早筹集资金会在资金投放前造成闲置，浪费资金的时间价值；太晚筹集资金可能会错过最佳投资时机，造成不必要的损失。

（二）效益性要求

不同的筹资渠道和筹资方式，资金成本不同，筹资难度也不同，企业承担的风险也不同。因此，筹资主体应根据不同的筹资需求和筹资政策，考虑各种渠道和潜力、约束条件和风险程度，整合资金来源和资金投向，全面审视和分析资本成本，以达到最大的投资效益。

（三）科学性要求

科学地确定企业资金来源结构，寻求筹资方式的最佳组合，是企业筹资工作的要求。科学地确定企业资本来源结构，包括两个方面：一是掌握企业自有资金的合理比例，正确运用债务管理战略；二是合理安排长期和短期资金比率。

（四）稳定性要求

稳定性包括三个含义：第一，借钱可以维持一定程度的稳定；第二，筹资方式应保持相对稳定。一般来说，不要经常改变筹资方式，以免损害企业在金融市场上的形象，给人一种无计划、不可靠的感觉；第三，具有相对稳定的业务往来关系的金融机构。企业筹资受业务范围、信誉和金融市场熟悉程度的限制，通过与企业往来频繁的金融机构筹资，可以省时间，省手续，享有优先权。

第二节　筹资数量预测

企业在筹资中面临着一个关键问题，即如何确定其数量，这就需要用一种具体的方法来预测资金的需求量。只有这样，筹集的资金才能既满足需要，又不浪费。预测筹资数量的方法主要有定性预测法、销售百分比法和资金习性法等。

一、定性预测法

定性预测法主要利用相关数据，依靠个人经验、主观判断和分析预见能力，对企业未来的财务状况和资金需求量进行确定。这种方法通常是在缺乏完整和准确的历史资料的情况下使用的。预测过程如下：首先，熟悉财务状况和生产经营情况的专家根据以往积累的经验进行分析判断，并提出初步的展望；其次，通过举办座谈会或问卷调查等形式，对初步预测结果进行修正，使预测结果经过一次或多次后得到最终的预测结果。

二、销售百分比法

销售百分比法假定收入、支出、资产、负债与销售收入之间存在稳定的百分比关系，并根据预期销售额和相应百分比估算资产、负债、所有者权益和留存收益的增加额。然后使用会计等式确定资金数额。

具体有两种计算方法：一种是根据销售总额估算资产、负债、所有者权益总额和留存收益增加额，然后确定资金需求；另一种是根据销售额的增加来估计资产、负债和所有者权益的增加额以及留存收益的增加，然后确定对资金的需求。

（一）根据销售总额确定资金需求量

【例2-1】ABC公司2022年12月31日资产负债表的简表如表2-1所示。

表2-1　2022年12月31日资产负债（单位：元）

资产	负债与所有者权益
现金5 000	短期借款25 000
应收账款15 000	应付账款10 000
存货30 000	预提费用5 000
固定资产净值30 000	应付债券10 000
	实收资本20 000
	留守存本10 000
资产合计80 000	负债与所有者权益合计80 000

ABC公司2022年销售额为100 000元，现在还有剩余生产能力，即增加收入不需要进行固定资产方面的投资。假定销售净利率为10%，预计下年销售额提高到120 000元，那么需要筹集多少资金？预测的步骤如下。

1. 确定销售百分比、销售额与资产负债表项目的百分比

可以根据上年有关数据确定（见表2-2）。要注意区分直接随销售额变动的资产、负债项目与不随销售额变动的资产、负债项目。不同企业销售额变动引起资产、负债变化的项目及比率是不同的，需要根据历史数据逐项研究确定。就本例而言，流动资产的现金、应收账款和存货项目随销售额变动，并假设成正比例关系；应付账款和预提费用与销售成正比；而其他项目则与销售无关。ABC公司每1元销售额占用现金0.05元，占用应收账款0.15元，占用存货0.3元，形成应付账款0.1元，形成预提费用0.05元。

表2-2　ABC公司的资金需要量(单位:元)

		上年期末实际	占销售额百分比(%)（销售额100 000）	本年计划(销售额120 000)
资产	现金	5 000	5	6 000
	应收账款	15 000	10	18 000
	存货	30 000	30	36 000
	固定资产净值	30 000	不变动	30 000
	资产合计	80 000		90 000
负债及所有者权益	短期借款	25 000	不变动	25 000
	应付账款	10 000	10	12 000
	预收账款	5 000	5	6 000
	应付债券	10 000	不变动	10 000
	负债合计	50 000		53 000
	实收资本	20 000	不变动	20 000
	留存收益	1 000	不变动	14 800
	所有者权益	3 000		34 800
	资金需要量			2 200

资产、负债项目占销售额的百分比，也可以根据以前若干年度的平均数确定。

2. 计算预计销售额下的资产和负债

$$资产(负债) = 预计销售额 \times 各项目销售百分比$$

现金=120 000×5%=6 000（元）

应收账款=120 000×15%=18 000（元）

存货=120 000×30%=36 000（元）

应付账款=120 000×10%=12 000（元）

预提费用=120 000×5%=6 000（元）

在此基础上预计总资产（无关项目按上年数计算）：

总资产=6 000+18 000+36 000+30 000=90 000（元）

预计不增加借款情况下的总负债（无关项目按上年数计算）：

总负债=25 000+12 000+6 000+10 000=53 000（元）

3. 预计留存收益增加额

留存收益是公司内部筹资来源。只要公司有盈利并且不是全部支付股利，留存收益会使股东权益自然增长。留存收益可以满足或部分满足企业的筹资需求。这部分资金的多少，取决于收益的多少和留存收益率的高低。

$$留存收益增加 = 预计销售额 \times 销售净利率 \times 留存收益率$$

假设ABC公司留存收益率为40%，销售净利率与上年相同，则：

留存收益增加=120 000×10%×40%=4 800（元）

4. 计算对外部资金需求的数量

$$\begin{aligned}外部资金需求量 &= 预计总资产 - 预计总负债 - 预计所有者权益\\ &= 90\,000 - 53\,000 - (30\,000 + 4\,800) = 2\,200(元)\end{aligned}$$

ABC公司为完成销售额120 000元，需要增加资金10 000元（90 000−80 000），负债的自然增长提供3 000元（12 000+6 000−10 000−5 000），留存收益提供4 800元，本年应再筹资2 200元（10 000−3 000−4 800）。

（二）根据销售增加额确定资金需求量

$$对外部资金的需求量 = \frac{A}{S_1}(\Delta S) - \frac{B}{S_1}(\Delta S) - EPS_2$$

式中：A——随销售变化的资产；

B——随销售变化的负债；

S_1——基期销售额；

S_2——预测期销售额；

ΔS——销售的变动额；

P——销售净利率；

E——盈余的留存比率；

$\frac{A}{S_1}$——资产销售百分比；

$\frac{B}{S_1}$——负债销售百分比。

根据ABC公司的资料可求得对外部资金的需求量为：

（5%+15%+30%）×20 000-（5%+10%）×20 000-10%×40%×120 000=2 200（元）

在此例中，如果ABC公司预计下年销售额为110 000元，即只增长10%，对外部资金需求量为：

50%×10 000-15%×10 000-10%×40%×110 000=-900（元）

如果公司销售仅增长10%，公司不仅不需向外界筹资，而且还会有900元的剩余资金，那么在这种情况下，公司的任务不是规划如何筹资，而是应计划去增发股利、偿还债务或寻找较有利可图的投资机会。这一实例也说明了正确确定筹资规模的意义所在。

销售百分比法是一种简单实用的方法。它的好处是使用成本低；便于了解主要变量之间的关系。但它也有一定的局限性，主要是假设资产、负债、收入、成本与销售额成正比例，经常不符合事实，因此，在有关因素关系发生变动的情况下，必须相应地调整原有的销售百分比。

三、资金习性法

资金习性法是利用一系列的历史资料求得资金与销售额的函数关系，据此预测资金需求量的一种方法。

通常假设销售额与资金数量存在相互依存的线性关系，这种依存关系就称为资金习性。根据这种依存关系可将总资金区分为不变资金和可变资金。不变资金是指资金总额不随销售额变化而变化的资金。也就是说，当销售额在一定范围内变动，这部分资金保持不变，如生产经营过程中占用的永久流动资产（正常生产必需的最低的流动资产占用）、长期固定资产等。可变资金是指资金总额随销售额变化而变化的资金。也就是说，当销售额在一定范围内变动，这部分资金随销售额变动而成正比例的变动，如生产经营过程中占用的临时流动资产（因季节性临时性因素影响而占用的流动资产）。在资金划分为可变资金与不变资金后，销售额与资金需求量之间的关系，可用下列线性方程表示：

$$y = a + bx$$

式中：y——资金需求量；

a——不变资金总额；

b——单位可变资金；

x——预计销售额。

若能利用历史资料求出式中a和b的值并知道预计的销售额，即可预测资金的需求量。资金习性法在具体运用时，有以下两种形式。

（一）根据资金占用总数与销售额的关系来预测

该形式是根据资金占用总数和销售额的关系把资金划分为不变资金和可变资金来预测总资金需求量。由于该形式是汇总计算，为保证计算结果的准确性，一般使用回归直线方程的方法求a、b值，亦可使用高低点法求解a、b。现举例如下。

【例2-2】某公司销售额与资金变化的有关资料如表2-3所示，预计2022年的销售额为320万元，试计算该年度的资金需求量。

表2-3　该公司销售额与资金变化的资料(单位:万元)

年度	销售额(x)	资金需求量(y)
2017	40	12 000
2018	160	24 000
2019	120	27 000
2020	80	22 000
2021	200	40 000

解：回归直线方程式如下：

$$\begin{cases}\sum y = na + b\sum x \\ \sum xy = a\sum x + b\sum x^2\end{cases}$$

将方程所需数据列表计算，如表2-4所示。

表2-4　回归直线方程所需数据(单位:万元)

年度	销售额(x)	资金需求量(y)	xy	x^2
2017	40	12 000	480 000	1 600
2018	160	24 000	3 840 000	25 600
2019	120	27 000	3 240 000	14 400
2020	80	22 000	1 760 000	64 000
2021	200	40 000	8 000 000	40 000
n=5	$\sum x$=600	$\sum y$=12 500	$\sum xy$= 17 320 000	$\sum x^2$=88 000

将表2-4中数据代入回归直线方程：

$$\begin{cases}125\,000 = 5a + 600b \\ 17\,320\,000 = 600a + 88\,000b\end{cases}$$

解方程得：a=7 600（万元）；b=145（万元），即$y = 7\,600 + 145x$。

则2 022年总资金需求量=7 600+145×320=54 000（万元）。

（二）根据每一资产、负债项目与销售额的关系预测

该方式根据每一资产、负债项目与销售额的关系划分为不变与可变部分，对每一资产与负债项目的预计资金需求量进行预测，在完成了各项目

的预计后，其他的计算步骤可比照销售百分比法。

由于外部资金需求受各种因素的影响和牵制，前述方法均过于简化，如果要充分考虑各种因素的影响，往往需要利用计算机来进行调整，最常见的计算机财务预测是使用Lotus1-2-3或Excel电子表格。因此，使用计算机进行财务预测是财务预测的发展方向。

第三节 筹资渠道和方式

在做好资金需求预测后，要研究和实施具体的筹资措施，其中重要的是要了解筹集资金的渠道和方法。

一、筹资渠道

筹资渠道是指筹集资金的来源和通道。了解筹资渠道的类型和各种筹资渠道的特点，有利于企业正确开发和利用筹资渠道。目前，中国企业的主要筹资渠道有以下几种。

（一）国家财政资金

国家财政资金是指国家以财政拨款和股份的形式向企业投入的资金。雄厚的国家财政资金基础和充沛的资金来源，为大中型企业的生产经营活动提供了可靠的保障，再加上国家不断加大对基础产业和公益性产业的扶持战略。这就决定了国家财政资金是国有企业筹集资金的重要渠道之一。

（二）银行信贷资金

银行信贷资金有较稳定的资金来源，如居民储蓄、单位存款等。贷款方式灵活，能够适应企业的各种资金需求，是企业重要的筹资渠道。银行信贷资金分为商业银行贷款和政策性银行贷款。商业银行是从事信贷资金投资的金融机构，它们主要为企业提供各种商业贷款。政策性银行为各类企业提供政策性贷款。

（三）非银行金融机构资金

非银行金融机构是由各级政府主办和民间举办的其他金融机构，如信托投资公司、租赁公司、保险公司等。这些机构的资金实力较专业银行要小，目前只起辅助作用，但其资金供应灵活方便，可提供多种服务，未来发展空间广阔。

（四）其他企业资金

企业在生产经营过程中往往形成一些闲置资金。为了充分发挥这些资金的作用，这些资金可以在企业之间进行调剂使用。随着经济的横向发展，企业间资金与资金的结合将得到广泛的发展。其他企业的投资往往是企业最需要的，它有利于促进企业之间按照市场原则建立经济联系，扩大企业的财务实力，因此这种筹资渠道具有很强的生命力。

（五）社会和企业内部职工资金

社会筹资是指企业通过发行股票和债券向社会筹集资金。通过集中社会资金力量来解决企业资金短缺问题，是一种很有前途的筹资方式。企业内部的职工筹集资金是指企业内部的个人筹集资金渠道，如购买股票、购买债券等。员工入股可以更好地体现带动者与生产资料的结合，充分调动职工的积极性，是一个发展的渠道。

（六）外商投资

外商投资是指企业吸收国外的投资，包括向国际金融机构贷款、发行债券和股票、合资经营、合作经营等。在市场经济的未来发展中，外商投资是一种值得关注的筹资渠道。

（七）企业内部资金

企业内部资金是指企业根据规定从税后利润和成本中提取的各项资金，用于增加资金、弥补损失等短期需要。法定盈余公积、公益金都是从税后利润中提取的，应支付的福利款项和预提大修理费用都是从成本中提取的。

这些资金可用于企业的短期周转，并可按时全额返还，从而成为内部筹资的一种来源渠道。

二、筹资方式

筹资方式是指企业筹资金所采取的具体形式，体现了不同的经济关系（所有权关系或债权关系）。了解筹资方式的种类和每一种筹资方式的特点，有助于企业选择合适的筹资方式，有效地进行筹资组合。

企业常用的筹资方式有吸收直接投资、发行股票、企业内部积累、银行借款等。

（一）吸收直接投资

吸引直接投资是指企业以协议等形式吸收国家、其他企业、个人和外商直接投入的资金，形成一种企业资金的融资方式。吸收直接投资不以股票为中介，适用于非股份制企业。这是非股份制企业自筹资金的基本途径。

1. 吸收的直接投资类型

企业通过吸收直接投资筹集的资金主要有以下四种：

（1）吸收国家投资，主要是国家财政拨款，由此形成国家资本金；

（2）吸收企业、事业单位和其他法人的投资，从而形成法人的资本金；

（3）吸收城乡居民和企业职工的投资，由此形成个人资本金；

（4）吸收港澳台地区或是外国投资者的投资，由此形成外商资本金。

2. 吸收直接投资的出资方式。

（1）现金投资：现金投资是吸收直接投资的重要方式之一。现金是最具流动性的资产，可以随时用于购买资产和日常支付，因此受到企业的欢迎。大多数国家对现金投资占资金总额的比例都有规定。在具体项目中，可以通过投资各方之间的协商来确定。

（2）实物投资：实物投资是指对房屋、建筑物、设备、原材料、商品和其他实物的投资。实物投资应当符合以下条件：适合企业生产、经营、科研开发的需要，具有良好的技术性能和公平合理的价格。实物投资的价格可以由出资方协商确定，也可以通过聘请专业资产评估机构进行评估确定。

(3) 对无形资产的投资：无形资产投资是指投资者以利权、专有技术、商标权等工业产权、非专利技术或土地使用权进行投资，一般而言，用于贡献的工业产权和非专利技术应满足以下条件：帮助企业研究、开发和生产新的高技术产品；帮助企业提高生产效率和产品质量；有利于企业减少生产消耗。企业吸收土地使用权投资应当符合下列条件：适合企业科研、生产、销售等活动的需要，地区交通便利等。

(二) 发行股票

股票是指股份公司为筹集自有资金而发行的证券。它是股东根据所持有的股份享有权利和义务的书面证明，是股东对公司所有权的代表。对一家公司来说，发行股票筹集的资金是长期自有资本；对股东来说，所持股份代表公司净资产的所有权。

1. 股票种类

(1) 根据股东的权利和义务可分为普通股和优先股：普通股是指股份有限公司没有特殊权利发行的股票。它也是最基本和最标准的股票。股东享有管理公司权、分配收益权、优先认股权、股权转让权和索取剩余财产权等，但其收益率不是固定的，这取决于公司的经营状况。优先股是指股份公司依法发行的具有一定优先权的股票。持股者优先获得股利权，股利率固定，优先分配剩余产权，但在股东大会上一般没有表决权，在参与公司管理中受到一定的限制。它与普通股有许多相似之处，也具有债券的性质。然而，在实践中，很少有公司发行优先股。

(2) 根据投资主体不同分为国家股、法人股和个人股：国家股是指有权代表国家投资的部门或者机构组成的股份。国家股由国务院授权的部门、机构或者由国务院决定的地方人民政府授权的部门、机构持有，并委派股权代表。法人股份，是指企业法人以其依法可支配的资产向公司投资形式的股份，或者由国家允许经营的资产投资于公司的事业单位和具有法人资格的社会团体组成的股份。个人股份是指个人或者公司职工将其合法财产投入公司的股份。

（3）根据股票有无记名，可以分为记名股票和无记名股票：记名股票是指将股东姓名记录在股票票面的股票。除股东入股外，其他人不得行使其股份，而且股权转让有严格的法律程序和手续，需要办理过户。无记名股票是指没有在其票面记录股东姓名或名称的股票。这类股份的持有人，具有股东资格，股权转让也相对自由方便，不需要办理股权转让手续。

（4）根据股票是否标明金额，可分为价值股票和无面值股票：面值股票是一种票面标记一定金额的股票。持有该股份的股东对公司的权利和义务大小，由所持股份的票面金额与公司发行在外的股票总价值的比例确定。无面值股票是不在票面上标记金额，只载明所占公司总股本总额的比例或股份数的股票。目前，《中华人民共和国公司法》不承认无面值股票。

（5）根据发行对象和上市地区，可分为A股、B股、H股和N股：A股是为我国大陆地区个人或法人买卖的，以人民币标明票面并以人民币认购和交易的股票。B股、H股和N股完全由外国投资者和我国香港、澳门和台湾的投资者进行交易。B股以人民币计价，但以外币认购和交易（注：B股自2001年2月19日起向国内居民开放）。其中，A股、B股在上海和深圳上市，H股在香港上市，N股在纽约上市。

2．股票发行

股份有限公司成立时，应当发行股份。此外，公司成立后，为了扩大经营，改善资本结构，也会发行新股。发行股票时应实行公开、公平和公正的原则，必须同股同权，同股同利。同次发行股票每种股票的发行条件和价格应当相同。任何单位和个人认购的股份，对于每股股份应当支付相同的价款。同时，股票发行也由国务院证券监督管理机构管理监督。股票发行具体应执行相关管理规定，主要包括股票发行的条件、程序、方法、销售方法和发行价格。

（1）发行股票的规定和条件：股份有限公司发行股份，依照公司法的有关规定，应当符合下列规定和条件：第一，每股金额相等。同一类型股票同时发行的发行条件和价格应当相同。第二，股票发行价格可以是票面金额或者高于票面金额，但不得低于票面金额。第三，股票应当载明公司名称、公司登记日期、股票类型、票面金额、所代表股份数量、股票编号等。第四，向发起人和法人发行的股份应当是记名股票；向公众发行的股份可以是记名股票也可以是无记名股票。第五，公司发行记名股票的，应当置备股东名册，包括股东的姓名、住所、股东持有的股份数量、股东取得股份的日期、股东所持股票编号。发行无记名股票的，公司应当记载股份的数量、编号和发行日期。第六，公司发行新股必须符合以下条件，包括以前发行的股票已全部发行，并且间隔一年以上；公司过去三年连续盈利，并分红给股东；公司的财务会计文件三年内无虚假记载；公司的预期利润率可以达到同期银行存款的利率。第七，由股东会决定发行新股的种类和数量、新股的价格、发行新股的日期、向原股东发行新股的种类和数额。

（2）发行股票的程序：股份有限公司成立后，发行股份和增资发行新股的程序不同。

设立时发行股票的程序：募集股份申请书；公告招股说明书；制作认股书；签订承销协议和代收股款协议；招认股份和缴纳股款；召开创立大会，选举董事会和监事会；办理股票登记和交割事宜。

增资发行新股的程序：股东大会应当就新股发行问题做出决议；董事会应当向国务院或者省级人民政府授权的部门申请批准；公告新股招股说明书、财务会计报表和附属附表，与证券管理机构签订承销合同，在定向发行时发布认购公告或者新股认购通知，招认股票、缴纳股款；改组董事会和监事会，办理登记变更，向公众公告。

（3）股票的发行方式、销售方式和发行价格：公司发行股票筹资，应当选择适当的发行方式和发行价格，以便及时筹集足够的资金。

①发行股票的方式是指公司通过何种途径发行股票。一般而言，股票

的发行方式可分为公开间接发行和不公开直接发行两类。

公开间接发行是指通过中介机构向公众公开发行股票。当我国的股份有限公司采用募集设立方式向公众发行新股时，证券管理机构的承销行为就属于股票的公开间接发行。这种发行方式有着广泛的发行对象，易于充分筹集资金；股票流动性强，流动性好；股票的公开发行也有助于提高发行公司的知名度，扩大发行公司的影响力。但这种方式也有不足之处，主要是流程复杂，发行成本高。

不公开直接发行是指不公开发行股票，只对少数特定对象直接发行，因此不需要通过中介机构承销。我国股份有限公司采用发起设立方式和以不向公众公开募集的方式发行新股的做法。这种发行方式弹性较大、成本低，但发行范围小，股票变现性差。

②股票销售方式是指股份有限公司在向公众发行股票时采用的股票销售方式。股票销售有自销和委托承销两种类型。

股票发行的自销方式是指发行公司将股票直接出售给认购者的行为。这种销售方式可以由发行公司直接控制，实现发行目的，节约发行成本。然而，筹资往往需要很长的时间，发行公司要承担所有的发行风险，需要发行公司有较高的知名度、信誉度和实力。

股票发行承销是指发行公司将股票销售业务委托给证券管理机构，这种出售形式在股票发行中被广泛使用。公司法规定，股份有限公司向社会公开发行股票，必须与依法设立的证券管理机构签订承销协议，由证券管理机构承销。股票承销分为包销和代销两种具体的方式。所谓包销，是指根据承销协议约定的价格，证券管理机构一次性购买发行公司公开募集的所有股票，然后以较高的价格出售给社会用户。对于发行公司来说，包销可以及时筹足资金，避免发行风险（承销商承担股款筹资不足的风险），但以较低价格出售给承销商的股票会损失部分溢价。所谓代销，是指证券管理机构代替发行公司出售股票，从而获得一定的佣金，但不承担股款不足的风险。

③股票发行价格是指股票发行时使用的价格，即投资者认购股票时支付的价格。发行股票的价格通常由发行公司根据股票的面额、股票市场的价格和其他相关因素来决定。公司首次发行的股票的价格，由发起人决定；公司增资发行新股的股价由股东会决定。

股票的发行价格可以与股票的面额一致，但在大多数情况下是不一致的。股票发行价格有三种，即等价、时价和中间价。等价是以股票的票面额作为发行价格，也称为平价发行。这类发行的价格通常用于股票的初次发行或股东内部分摊增资的情况。平价发行的股票很容易卖出，但没有办法赚取溢价。时价是以公司股票在流通市场上交易的实际价格作为股票发行的价格的依据。原因是在第二次发行时，股票的价值增加了，收益率也发生了变化。利用时价发行股票，考虑了股票的现行市场价格，对投资者也有更大的吸引力。中间价是指股票的时价和等价的中间值决定发行价格。

按时价或中间价发行股票，股票发行价格会高于或低于其面额。前者称为溢价发行，后者称为折价发行。在发行溢价的情况下，发行公司收到的溢价款应列入资本公积。

公司法规定，发行股票的价格可以等于票面金额（等价），可以超过票面金额（溢价），但不得低于票面金额（折扣）。

3．股票上市

（1）股票上市的目的：股票上市是指经批准后在证券交易所进行挂牌交易。获准在交易所交易的股票称为上市股票。按照国际惯例，未向证券交易所申请上市的非上市证券，应当在证券交易所以外的市场上流通转让。只有公开募集、经批准的上市股票才能进入证券交易所。公司法规定，股东转让股份，即股票进入流通，必须在依法设立的证券交易所里进行。

股份有限公司申请上市一般有下列目的：第一，资本大众化，分散风险。股票上市后，会有更多的投资者认购公司股票，公司可以将部分股份转售给这些投资者，然后将资金用于其他领域，从而分散公司的风险。第二，提高股票的变现力。股票上市后容易被投资者购买，提高了股票的流动性和变现力。第三，便于筹措新资金。股票上市必须经过相关机构的审批并接受相应的管理，实施各项信息披露和股票上市规定，极大地增强了公众对公司的信任，使其愿意购买公司的股份。同时，由于一般人认为上市公司实力雄厚，也便于公司通过其他方式（如债务）来筹集资金。第四，提高公司知名度，吸引更多客户。众所周知，上市公司被认为是经营良好，声誉良好，从而吸引更多的客户，扩大销量。第五，有利于公司价值的确定。上市后，公司的股价有市价可循，便于公司价值的确定，有利于促进公司财富最大化。

股票上市对公司也有一些不利之处，主要是指：公司将承担较高的信息披露成本；各种信息披露的要求可能会泄露公司的商业秘密；股价有时会歪曲公司的实际情况，降低公司的声誉；它可能分散公司的控制权，使公司的管理更加困难。

（2）股票上市条件：公司上市股票在证券交易所上市时，应当遵守严格的条件。根据公司法的规定，股份有限公司申请上市必须符合下列条件：一是经国务院证券监督管理部门批准，向社会公开发行。公司成立后，不得直接申请股票上市；二是公司总股本不少于5 000万元；三是开业时间超过三年，连续三年盈利；属国有企业依法改建而设立股份有限公司的，其主要发起人为国有大中型企业的股份有限公司，可以连续计算；四是持有面值超过1 000元的股份的股东不少于1 000人，公司股份总额的25%以上向公众公开发行；公司总股本超过4亿元的，其向公众公开发行股份的比例应在15%以上；五是该公司在过去三年中没有犯下任何重大违法行为，财务和会计报告也没有虚假记载；六是国务院规定的其他条件。

符合上述要求的股份有限公司申请，经国务院或者国务院授权的证券监督管理部门批准后，方可上市。上市公司必须公布上市报告，并将申请文件存放在指定地点进行公开查询。上市公司还必须定期公布其财务状况和经营状况，并在每个会计年度公布一次财务和会计报告。

（3）暂停和终止股票上市：上市公司有下列情形之一的，国务院证券监督管理部门决定暂停其股票上市：第一，公司的股本总额、股权分配等发生变化，不再符合上市条件（未在截止日期内取消，其股票上市终止）；第二，公司不按规定披露其财务状况，或对财务报表进行虚假记录（后果严重的，终止其股票上市）；第三，公司有严重的违法行为（后果严重的，终止其股票上市）；第四，该公司已连续三年亏损（限期内未消除的，其股票的上市将被终止）。

此外，经行政主管部门依法决定解散或者责令其关闭或者宣告破产的，由国务院证券管理部门决定终止其股份上市。

（三）企业内部积累

企业内部积累主要是指税后利润分配形成的公积金。企业税后利润不完全分配给投资者，而是要按最低比例提取法定盈余公积金，有条件还可以提取任意盈余公积金。该公积金可用于购置和建设固定资产，更新和改造固定资产，增加流动资产储备，采用新的生产技术和试制新产品，进行科学研究和产品开发等。因此，税后利润的合理分配也关系到企业的筹资。

此外，企业计提折旧是从销售收入中转换而来的货币资金，它并不增加企业的资金总额，而是可以增加企业可以周转的运营资金，因此可以被视为一种资金来源和筹资方式。

应当指出，企业内部积累是补充生产经营资金的重要来源。采用这种筹资方式，不需要与外部单位办理各种手续，操作简单方便，也不需要直接支付筹资成本。因此，企业应努力改善经营管理，认真开展收支工作，增加利润，扩大积累，以实现自我发展。

（四）银行借款

银行借款是指企业根据借款合同向银行和其他金融机构借款的数额。银行借款的使用是企业筹集资金的重要途径。

1．借款类型

（1）根据借款期限，可分为短期借款和长期借款：借款期限少于一年的，为短期借款；借款期限超过一年的，为长期借款。

（2）根据借款人在借款时是否提供担保，分为信用贷款和抵押贷款：信用贷款是根据借款人的信誉发放的贷款，企业不需要任何财产抵押就能获得贷款。抵押贷款是指企业以抵押品作为担保的贷款。长期贷款的抵押品通常是房屋、建筑物、机械和设备、股票、债券等。

（3）根据提供贷款的不同机构和单位，可分为政策性银行贷款、商业性银行贷款和其他金融机构贷款。

2. 借款条件

按照《中华人民共和国贷款通则》的规定：借款人是经工商行政管理部门批准登记的企业法人或者其他经济组织，具有中华人民共和国国籍的、具有完全民事行为能力的自然人。借款人的资产负债率应符合贷款人的要求；借款人应当接受贷款人对其使用信贷资金情况和相关生产经营、财务活动的监督；借款人应当按照贷款合同规定的用途使用贷款；贷款本金和利息应当按照贷款合同的规定及时清偿；借款人将债务的全部或者部分转让给第三人的，应当取得贷款人的同意。

贷款人必须是经中国人民银行批准经营贷款业务的金融机构。贷款人应当公布其经营的贷款的种类、期限和利率，并向借款人提供咨询；贷款人应当对借款人的债务、财务、生产和经营情况保密。贷款人可以要求借款人提供与贷款有关的信息，并根据借款人的条件决定是否贷款、贷款额、期限和利率等；借款人不履行贷款合同规定的义务的，贷款人有权按照合同规定要求借款人提前偿还贷款或者停止支付借款人尚未使用的贷款。

3. 银行借款的程序和借款合同

（1）借款人申请贷款：借款人需要贷款时，应当直接向主办银行或者其他银行的经办机构申请贷款。

（2）银行对借款人的风险评估：贷款人接受借款人申请后，应当对借款人的信用等级、贷款的合法性、安全性和营利性进行调查，核实抵押、质押、担保人情况，确定贷款的风险程度。

（3）贷款批准：审查人员应当对调查人员提供的资料进行核实、评定，复测贷款风险度提出意见并按照规定权限报批。

（4）签订贷款合同：所有贷款应由贷款人和借款人签订合同。贷款合同应当规定贷款的种类、用途、金额、利率、贷款期限、还款方式、双方的权利义务、违约责任以及双方认为需要约定的其他事项。必要时，贷款人与担保人签订担保合同。

（5）获得贷款和还款：企业签订贷款合同后，可以按照约定取得贷款，在合同范围内使用贷款，并按照合同规定的方式偿还贷款的利息和本金。如果贷款不能按时偿还，借款人应在贷款到期日前向贷款人申请延长贷款期限。借款人提前偿还贷款，应与贷款人协商。

第四节 资本成本

资本成本是衡量筹资和投资经济效益的标准。企业筹得的资金投入使用后，投资项目的投资收益率（资本利润率）只有高于资本成本时，才能获得更好的经济效益。

一、资本成本的含义和作用

（一）资本成本的含义

1. 资本成本的概念

资本成本是指企业为筹集和使用资本而付出的代价。随着资本市场的不断完善，企业筹集资金的渠道越来越多。然而，无论企业如何筹集资金，都要承担一定的代价。必须支付银行贷款利息，发行债券要支付利息，发行股票要支付股息。即使他们使用自己的资金，他们也要承担机会成本，所以任何一种筹资都有资本成本。只是因不同方式的期限、风险和特点不同，资本成本不一样。

2．资本成本的类型

资本成本包括资金筹集费和资金占用费两部分。资金筹资费是指在筹集资金过程中支付的各种费用，如发行股票和债券的印刷费、发行手续费、律师费用、资信评估费、公证费、担保费、广告费等。资金占用费是指占用资金而支付的费用，如股票股息、银行贷款利息、发行债券的信息等，是资金成本的主要内容。

3．资本成本表示方式

资本成本可以用绝对值表示，也可以用相对数字表示，但在财务管理中一般用相对数字表示。表示资本占用费与企业净得现金（公司筹资总额减去筹集资金后的企业净现金）的比例，其一般公式如下：

$$资本成本=\frac{资金占用费}{筹资总额-资金筹集费}=\frac{资金占用费}{筹资总额\times\left(1-筹资费用率\right)}$$

4．资本成本的量化形式

资本成本可以用多种方式来衡量。在多种筹资方案之中选择一个时，可以使用个别资本成本，包括普通股成本、长期借款成本、债券成本和留存收益成本。同时，通过多种方式筹集资金时可以使用资本的加权平均资金成本。边际资本成本可以用来追加资金。

（二）资本成本的作用

1．资本成本是选择资金来源和确定筹资方案的依据

资本成本是影响筹资决策的一个重要因素。筹集资金的方式有很多种，如可以使用银行贷款，还可以发行股票或债券。通过不同方式的筹资，选择成本最低的筹资方案，以提高企业的经济效益。

2．资本成本是评价投资项目和决定投资取舍的标准

筹资总是直接为投资服务，因此项目的投资报酬率必须大于筹资的资本成本。在资本成本相同的情况下，首先要选择投资报酬率高的项目。

3．资本成本是确定最优资本结构的主要尺度

不同的资本结构会影响企业的价值。在确定最优资本结构时应考虑的

主要因素是资本成本和财务风险。资本成本直接关系到企业的经济效益，是确定企业选择何种资本结构的关键。

二、个别资本成本

个别资本成本是指各种长期资金的成本。企业的长期资本一般有长期借款、债券、优先股、普通股、留存利润等。前两种可称为债务资金或简称债务，后三种可统称为权益资金或简称权益。个别资本成本的种类有长期借款成本、债券成本、优先股成本、普通股成本、留存利润成本等。前两种成本称为债务成本，后三种成本称为权益成本。

（一）长期借款成本

长期借款成本主要是银行利息，可用于企业财务费用，具有抵减所得税的作用。因此，企业实际负担的借款利息公式如下：

$$企业借款利息 = 银行贷款年息 \times \left(1 - 所得税税率\right)$$

企业的长期借款成本可以按照下列公式计算：

$$K_t = \frac{I_t(1-T)}{L\left(1-F_t\right)} = \frac{R_t(1-T)}{1-F_t}$$

式中：K_t——长期借款成本；

I_t——长期借款年利息；

T——企业所得税税率；

L——长期借款筹资额，即借款本金；

F_t——长期借款筹资费用率；

R_t——长期借款年利率。

（二）债券成本

债券成本利息也在所得税前列支，但发行债券的筹资成本普遍较高，应综合考虑。债券筹资成本是指债券发行费用，包括手续费、债券注册费、印刷费、上市费和推销费等。

债券发行价格有等价、溢价和折价三种。债券的利息按面额（本金）和票面利率确定，但筹集的金额应按发行价格计算。债券成本的计算公式是：

$$K_t = \frac{I_t(1 - T)}{B(1 - F_b)}$$

式中：K_t——债券成本；

I_t——债券年利息；

T——企业所得税税率；

B——债券筹资额，按发行价格确定；

F_b——债券筹资费用率。

（三）优先股成本

公司发行优先股筹资须支付发行费用，优先股股利通常是固定的。优先股筹资额应按优先股发行的价格确定。优先股的成本可按下列公式计算：

$$K_p = \frac{D_p}{P_p(1 - F_p)}$$

式中：K_p——优先股成本；

D_p——优先股年股利；

P_p——优先股筹资额；

F_p——优先股筹资费用率。

（四）普通股成本

普通股的成本与优先股的成本基本相同。然而，普通股的股利一般不固定，而且呈逐年递增的趋势。如果每年以固定比率G增长，第一年股利为 D_c，则第二年为 $D_c(1 + G)$，第三年为 $D_c(1 + G)^2$……第 n 年为 $D_c(1 + G)^{n-1}$。因此，普通股成本的计算公式经推导可简化如下：

$$K_c = \frac{D_c}{P_c(1 - F_c)} + G$$

式中：K_c——普通股成本；

D_c——普通股年股利；

P_c——普通股筹资额；

F_c——普通股筹资费用率；

G——普通股股利年增长率。

（五）留存利润成本

公司留存利润是由公司税后净利润构成的，属于普通股股东。从表面上看，公司使用留存利润似乎不花费成本。实际上，股东将其留用于公司而不是作为股利，会将他们的投资转移到其他地方，并总是要求获得与普通股相同的报酬。因此，留存利润也有成本，但它只是一种机会成本。留存利润成本的确定方法与普通股成本基本相同，只是不考虑筹资费用。其公式是：

$$K_t = \frac{D_c}{P_c} + G$$

式中：K_t——留存利润的成本；

D_c——普通股年股利；

P_c——普通股筹资额；

G——普通股股利年增长率。

三、加权平均资本成本

（一）加权平均资本成本的含义

由于受多种因素的影响，企业不可能采用单一的筹资方式，往往需要通过多种方式筹集所需的资金。因此，有必要计算和确定企业所有长期资本的总成本——加权平均资本成本。加权平均资本成本是以各资金所占比重为权重，按各资本成本加权平均计算出来的综合资本成本。加权平均资本成本公式是：

$$K_w = \sum_{j=1}^{n} W_j \cdot K_j$$

式中：K_w——加权平均资本成本；

K_j——第j种个别资本成本；

W_j——第j种个别资本占全部资本的比重（权数）。

在计算个别资本占总资本的比重时，可以分别选用账面价值、市场价值和目标价值权数来计算。

计算加权平均资本成本的三个基本步骤：计算各筹资来源的资本成本；确定权重；计算公司的加权平均资本成本。

（二）权重的确定

个别资本占总资本的比重由账面价值决定，资料相对容易获取。然而，当资本账面价值与市场价值存在较大差异时，筹资决策就会被贻误。为了克服这一缺陷，个别资本占总资本的比重也可以根据市场价值或目标价值来确定，分别称市场价值权数和目标价值权数。

市场价值权数是指由股票和债券的市场价格决定的权数，它可以反映企业目前的实际情况，但同时为了弥补股票市场价格的频繁变动，也可以选择平均价格。

目标价值权数是指由目标市场价格决定的权数，可以反映预期的资本结构，而不只反映过去和现在的资本结构，如账面价值权数和市场价值权数。因此，按目标价值权数的加权平均资本成本更适合企业筹集新资金。然而，由于企业很难客观、合理地确定证券的目标价值，因此难以推广这一方法。

四、边际资本成本

一般来说，企业不能以一定的固定资本成本筹集无限资金。当筹集的资金超过规定的限额时，原有的资本成本就会增加，当企业追加筹资时，就需要知道筹集的资金在多少数额上会引起资本成本怎样的变化。这就要用到边际资本成本的概念。

边际成本是指每增加一个单位而增加的成本。边际资本成本也是按加权平均法计算的，用于追加筹资时使用的加权平均成本。

边际资本成本主要受目标资本结构、各种筹资的分界点和筹资总额三个因素的影响。

第五节　杠杆原理

杠杆效应在自然界中是指人们可以用杠杆以较小的力量移动较重物体的现象。财务管理中也存在着类似的杠杆效应，这是由特定费用的存在（运营成本中的固定成本和固定财务成本）造成的，当一个变量的变动幅度很小时，另一个相关变量会发生很大的浮动。了解这些杠杆的原理，有助于企业合理规避风险，提高财务管理水平。

财务管理有三种杠杆效应，即经营杠杆、财务杠杆和复合杠杆。

一、经营杠杆

经营杠杆是指在做出经营决策时，在经营成本中使用固定成本的程度。运用操作经营杠杆产生的杠杆效应有两个方面：一是获取经营杠杆的利益；二是承担经营风险。

（一）经营杠杆利益

经营杠杆利益是指在扩大营业额的条件下，由于经营成本中固定成本这个杠杆作用所带来的增长程度更大的息税前利润。[①]息税前利润是指利润表中未扣除利息费用和所得税之前的利润，用利润总额加利息费用表示。在一定的产销规模内，由于经营成本中固定成本不随产销量的增加而增加，相反，随着产销量的增长，单位产销量所承担的固定成本会相对减少，从

①傅若惠．论杠杆原理在财务管理中的应用[J]．湖北经济学院学报（人文社会科学版），2018，15（7）：47-49.

而给企业带来额外的收益。

（二）经营风险

经营风险又称营业风险，它是指利用经营杠杆而导致息税前利润变动的风险。由于企业杠杆的“两面性”作用，当销售量下降时，利税前利润下降的速度更快，这就导致了企业经营的风险。经营风险影响着企业的筹资能力，也是制约企业资本结构的重要因素。

影响经营风险的主要因素有：①产品需求变动。市场对企业产品的需求越稳定，经营风险越小；反之，经营风险越大；②产品价格变动。如果产品的销售价格变化不大，经营风险就会很小；否则，经营风险就会很大；③单位产品变动成本的变化。单位产品变动成本变动不大，经营风险就不大；否则，管理风险就很大；④调整价格的能力。当产品成本发生变化时，如果企业具有较强的价格调整能力，则经营风险较小；反之，经营风险较大；⑤经营成本中固定成本的比重。固定成本所占比重较大时，单位产品分担的固定成本额就较多，若产品数量发生变动，单位产品分担的固定成本额就会随之变动，最后导致利润更大幅度地变动，因此，在其他条件一定的情况下，固定成本高的企业，其销售量较小的变化，就会导致企业利润较大的变化。所以，经营杠杆越高的企业，企业经营风险也越高。

总之，经营杠杆对经营风险有很大的影响。企业要想获得经营杠杆的效益，就需要承担由此带来的经营风险。因此，必须在获得的业务杠杆效益和承担的经营风险之间进行权衡。

（三）经营杠杆系数

只要公司有固定成本，就有经营杠杆效应的作用。然而，不同企业或同一企业在不同产销量的基础上的杠杆效应的大小是不完全一致的。因此，为了反映经营杠杆作用的程度，估算经营杠杆的效益，评估经营风险的高低，需要计算经营杠杆系数。它是息税前利润变动率和业务量变动率之间的比率。公式如下：

$$经营杠杆系数 = \frac{息税前利润变动率}{业务量变动率}$$

记为：

$$DOL = \frac{\frac{\Delta EBIT}{EBIT}}{\frac{\Delta Q}{Q}} = \frac{EBIT + F}{EBIT}$$

式中：DOL——经营杠杆系数；

$\Delta EBIT$——息税前利润变动量；

$EBIT$——变动前息税前利润；

ΔQ——业务量变动量；

Q——变动前业务量；

F——固定成本。

二、财务杠杆

财务杠杆又称融资杠杆，是指企业在进行资本结构决策时对债务筹资的利用程度。利用财务杠杆实现杠杆效应有两个方面：一是获取财务杠杆的收益；二是承担财务风险。

（一）财务杠杆收益

不论企业营业利润是多少，债务的利息和优先股的股利通常都是固定不变的，故把债务的利息和优先股的股利称为固定财务费用，当息税前利润增加时，每一元息税前利润所负担的债务和优先股股利就会相应地减少，扣除所得税后可分配给普通股投资者的利润就会增加，从而给普通股投资者带来额外的收益，这种额外收益称为财务杠杆利益。

（二）财务风险

财务风险是指企业为取得财务杠杆利益而利用债务资金和优先股资金（固定的财务费用）时，增加了企业破产机会或普通股利润大幅变动的机会所带来的风险。

如果企业的全部资金均来自投资者和普通股股东，企业的经营风险则由投资者和普通股股东按投资额或股份比例均摊，不存在额外风险；但是，企业为了扩大生产经营规模，增加了负债资金和优先股资金，由于提供这些资金的投资者和股东将获得固定收益，整个企业扩大了的经营风险实际上仍由企业和普通股股东承担，从而使企业和普通股股东的风险比未使用负债和优先股筹资时要高，其风险提高的幅度取决于负债资金和优先股资金的比重，因此，财务杠杆利益与财务风险是财务杠杆作用的两个不同的方面。社会主义市场经济条件下，经济成分的多元化、资金来源的多渠道以及筹资方式的多样化是形成合理资金结构的基本条件，同时，运用适当的财务杠杆，是企业取得较好经济效益的一种手段。

影响财务风险的主要因素有资本需求的变化；利率水平的变动；获利能力的变化；资本结构的变动。

其中，财务杠杆对财务风险的影响最为重要。企业所有者想要获取财务杠杆利益，需要承担由此引起的财务风险。因此，企业投资者需要在财务杠杆利益与财务风险之间做出合理的权衡。

由于财务杠杆的作用，当息税前利润下降时，普通股每股利润下降得更快，从而给企业带来了财务风险，当固定的财务费用较高时，企业将负担较多的固定财务费用，相应要经受较大的财务杠杆作用引起的收益的冲击，从而加大了财务风险；相反，当固定的财务费用较低时，财务风险相对较少。

财务风险的大小由财务杠杆系数来衡量。

（三）财务杠杆系数

单位财务杠杆系数为普通股每年利润变动率息税前利润变动率之比。公式如下：

$$\text{财务杠杆系数}=\frac{\text{普通股每年利润变动率}}{\text{息税前利润变动率}}$$

$$DFL = \frac{\frac{\Delta EPS}{EPS}}{\frac{\Delta EBIT}{EBIT}}$$

$$EPS = \frac{(EBIT - I) \times (1 - T) - D}{N} = \frac{\left(EBIT - I - \frac{D}{1 - T}\right) \times (1 - T)}{N}$$

$$\Delta EPS = \frac{\Delta EBIT(1 - T)}{N}$$

$$DFL = \frac{\frac{\Delta EPS}{EPS}}{\frac{\Delta EBIT}{EBIT}} = \frac{EBIT}{EBIT - I - \frac{D}{1 - T}}$$

就未发行优先股的公司而言，其财务杠杆系数的计算公式可简化为：

$$DFL = \frac{EBIT}{EBIT - I}$$

式中：DFL——财务杠杆系数；

ΔEPS——普通股每股利润变动额；

EPS——变动前普通股每股利润；

I——债务利息（包括借款利息和债券利息）；

D——优先股股利；

T——所得税税率。

三、复合杠杆

在日常经营过程中，由于固定成本的存在，从而产生了经营杠杆作用，使税前利润的变动率大于业务量的变动率。同样，由于固定财务费用（如固定利息和优先股股利）的存在，产生了财务杠杆，使得普通股每股收益的变动率大于息税前收益的变动率。如果这两种杠杆共同起作用，企业业务量的微小变化将使普通股每股收益发生巨大变化。固定成本和固定财务费用的存在引起的普通股每股收益通常称为复合杠杆作用。

复合杠杆的程度可以用复合杠杆系数（DTL）来表示。DTL是操作杠杆系数（DOL）和财务杠杆系数（DFL）的乘积。公式如下：

$$复合杠杆系统=\frac{普通股每股利润变动率}{业务量变动率}$$

记作：

$$DTL=DOL\times DFL=\frac{\frac{\Delta EPS}{EPS}}{\frac{\Delta Q}{Q}}=\frac{EBIT+F}{EBIT-I}$$

按定义计算的复合杠杆系数：

$$DTL=\frac{\frac{\Delta EPS}{EPS}}{\frac{\Delta Q}{Q}}$$

按销售量计算的复合杠杆系数：

$$DTL_Q=\frac{Q(P-V)}{Q(P-V)-F-I}$$

按销售额计算的复合杠杆系数：

$$DTL_S=\frac{S-VC}{S-VC-F-I}$$

式中：DTL——复合杠杆系数；

DTL_Q——按销售量计算的复合杠杆系数；

DTL_S——按销售额计算的复合杠杆系数；

Q——销售量；

P——销售单价；

V——单位变动成本；

S——销售额；

VC——变动成本；

F——固定成本；

I——利息。

在实际计算时，DTL_Q公式既适用于单一产品条件下的经营杠杆系数的计算，又适用于单产品和多产品操作杠杆系数的计算。

第六节　资本结构

一、资本结构的含义和作用

根据所有权的主体不同，公司资本有两种来源：一是自有资本，又称股权资本；二是借入资本，又称债务资本。前者是公司股东出资的资本，在资产负债表中以所有者权益的形式表示；后者是公司使用并由债权人出资构成的资本，在资产负债表中以负债表示。

股权资本和债务资本的比例在不同产业或行业的公司与同一产业或行业的公司之间存在差异。这种差异会对公司的净收入、财务风险和资本成本产生不同程度的影响，并最终反映在公司的股票价值上。研究资本结构对于公司的财务管理和资产的保值增值具有重要的意义。

资本结构是指企业各种长期筹资的来源的构成和比例关系。短期资金需求量的筹集是不断变化的且整个资金所占比例不稳定，因此不列入资本结构管理的范围内，而是作为营运资本管理。

一般来说，企业的资本结构包括长期债务资本和主权资本。资本结构是指长期债务资本和主权资本在总资本中所占的比例。

二、资本结构理论

（一）净收益理论

净收益理论认为负债可以降低企业资本成本，负债程度越高，企业价值越高。这是因为债务利息和股本资本成本不受财务杠杆的影响，无论债务的程度有多高，企业的债务成本和股本成本都不会发生变化。因此，只要债务成本低于股本成本，负债越多，加权平均资本成本就越低，净收入或税后利润越多，企业价值就越高。当负债率为100%时，加权平均资本成本最低，企业价值将达到最大值。

（二）营运收益理论

营运收益理论认为，无论财务杠杆发生怎样的变化，资本的加权平均成本都是固定的，因此企业的总价值是固定的。这是因为，当企业使用财务杠杆时，即使债务本身的成本保持不变，但由于股本风险增加，也会增加股本成本，因此加权平均资本成本不会因债务比率的增加而降低。因此，企业的总价值也是固定的。

根据这一理论推理，没有最优的资本结构，筹资决策也是无关紧要的。因此，营运收益理论和净收益理论是完全相反的两个理论。

（三）传统理论

传统理论是介于上述两种理论之间的理论。它认为，企业利用财务杠杆尽管会导致权益成本的上升，但在一定程度内却不会完全抵消利用成本率低的债务所获得的好处，因此，会使加权平均资本成本下降，企业的总价值上升。但超过一定程度的利用财务杠杆，权益成本的上升就不能为成本率低的债务所抵消，加权平均资本成本便会上升。随后，债务成本也会上升，它和权益成本的共同上升，使加权平均资本成本上升更快。

资本加权平均成本从下降到上升的转折点是加权平均资本成本的最低点。此时资本结构是最佳的资本结构。

（四）权衡理论

权衡理论是由两位美国学者Franco Modigliani和Mertor MiUer提出的学说。最初的MM理论认为，由于所得税法允许债务利息在税前扣除，在某些严格的假设下，负债越多，企业的价值越大。但有些假设不符合实际情况，因此MM理论有了发展，提出了税负利益——破产成本的权衡理论。

1．掌握最优资本结构的确定，利用负债可以为企业带来税收庇护利益。

2．各种负债成本随负债比率的增大而上升，当负债比率达到某一程度时，息税前盈余会下降，同时负担破产成本的概率会增加。当边际负债税收庇护利益恰好与边际破产成本相等时，企业的价值最大，达到最佳资本结构。超过这一点后，破产成本大于负债税收庇护利益，导致企业的价值下降。

此后，在资本结构的研究中提出的理论还有代理理论、信号传递理论等。各种各样的资本结构理论为企业融资决策提供了有价值的参考，可以指导决策行为。但是也应指出，由于融资活动本身和外部环境的复杂性，目前仍然难以准确地显示出存在于财务杠杆、每股收益、资本成本及企业价值之间的关系，所以在一定程度上融资决策还要依靠有关人员的经验和主观判断。

三、资本结构管理

（一）融资的每股收益分析法

判断资本结构合理与否，其一般方法是以分析每股收益的变化来衡量。能提高每股收益的资本结构是合理的；反之，则不够合理。每股收益的高低不仅受资本结构（由长期负债融资和权益融资构成）的影响，还受到销售水平的影响，处理以上三者的关系，可以运用融资的每股收益分析的方法。

每股收益分析是利用每股收益的无差别点进行的。所谓每股收益的无差别点，是指每股收益不受融资方式影响的销售水平。根据每股收益无差别点，可以分析判断在什么样的销售水平下适于采用何种资本结构。每股收益无差别点可以通过计算得出。

每股收益（EPS）的计算公式为：

$$EPS=\frac{(S-VC-F-I)(1-T)}{N}=\frac{(EBIT-I)(1-T)}{N}$$

式中：S——销售额；

VC——变动成本；

F——固定成本；

I——债务利息；

T——所得税率；

N——流通在外的普通股股数；

$EBIT$——息税前盈余。

在每股收益无差别点上，无论是采用负债筹资，还是采用权益筹资，每股收益都是相等的。若以EPS_1代表负债筹资、以EPS_2代表权益筹资，则有：

$$EPS_1 = EPS_2$$

$$\frac{\left(S_1 - VC_1 - F_1 - I_1\right)(1 - T)}{N_1} = \frac{\left(S_2 - VC_2 - F_2 - I_2\right)(1 - T)}{N_2}$$

在每股收益无差别点上，$S_1=S_2$，则：

$$\frac{\left(S - VC_1 - F_1 - I_1\right)(1 - T)}{N_1} = \frac{\left(S - VC_2 - F_2 - I_2\right)(1 - T)}{N_2}$$

能使得上述条件公式成立的销售额（S）为每股收益无差别点销售额。

（二）比较资本成本法

比较资本成本法是计算不同资本结构（筹资方案）的加权资本成本，并以此为标准相互比较，从中选择加权资本成本最低的资本结构作为最佳资本结构。

比较资本成本法通俗易懂，计算过程相对简单，是确定资本结构的一种常用的方法。然而，由于制订的方案数量有限，有可能错过最佳方案。

四、影响资本结构的因素及优化途径

（一）影响资本结构的因素

1. 企业成长与销售稳定性

如果企业发展迅速，销售稳定，那么它就具有较强的外部资金筹资能力，能够承担更多的负债所带来的利息成本。因此，这些公司可以比那些增长缓慢、销售不稳定的公司使用更多的债务资金，并充分利用财务杠杆来提高普通股每股收益。

2. 企业管理者的风险态度

如果管理者是风险厌恶者，那么企业的资本结构中负债所占的比例相对较小；反之，如果管理者是风险偏好者，愿意承担更高的风险以获得更高的回报，那么债务在资本结构中所占的比例就会相对较大。

3. 企业盈利能力

企业盈利能力是影响资本结构决策的重要因素之一。

4. 贷款人和信用评级机构的影响

尽管财务人员对如何使用财务杠杆有自己的分析，但贷款人和信用评级机构的态度往往是决定企业财务结构的关键因素。如果企业运用过高的财务杠杆，对前景过于乐观，而贷款人认为有风险较大不愿放贷，或者评估机构认为企业潜在的风险较大，降低其信用评级，则公众对企业风险的评估将倾向于贷款人或信用评估机构的意见，这将影响企业的筹资能力，提高企业的资本成本。

5. 税收因素

债务利息是税前支付的，具有节税功能。此外，人们普遍认为，企业所得税率越高，节税效应越强，从而举债好处越多。因此，税率的变化对企业资本结构的变化有一定的指导作用。

6. 行业差异

不同行业在不同的经济环境下，资产构成和运营效率不同，行业经营风险也不同，因此，上述因素的变化直接导致了产业资本制度的变化，从而反映了其产业的特点。

（二）优化资本结构的途径

1．存量调整

在不改变现有资产规模的基础上，根据目标资本结构的要求，对现有资本结构进行必要的调整。存量调整方法有债转股；发行新股偿还债务；调整现有债务结构，如与债权人协商、将短期负债转化为长期负债、将长期负债转化为短期负债；调整股权资本结构，如优先股转化为普通股、以资本公积金转增股本。

2．增量调整

增量调整是指通过增加总资产的方式来调整资本结构。其中，主要的途径是从外部获取增量资本，如发行新债、借入新债、发行新股等。

3．减量调整

减量调整是指通过减少资产总额来调整资本结构。如提前偿还贷款、赎回债券、回购股票以减少公司的股本、进行企业分立等。

第三章　投资管理

第一节　投资概述

一、投资概念

投资是指特定经济主体（包括国家、企业和个人）为了在未来可预见的时期内获得收益或使资金增值，在一定时期向一定领域的标的物投放足够数额的资金或实物等货币等价物的经济行为。从特定企业角度看，投资就是企业为获取收益而向一定对象投放资金的经济行为。

二、投资分类

（一）按照投资行为的介入程度分类

按照投资行为的介入程度，投资可分为直接投资和间接投资。直接投资是指投资者直接参与投资行为，即将货币资金直接投资到项目中，形成实物资产或购买现有企业资产的一种投资行为。其特点是投资行为可以直接将投资者与投资对象联系在一起。间接投资是指投资者用自己的资本购买公债、公司债券、金融债券或公司股票等，并期望获得一定收益的投资，也称为证券投资。

（二）按照投入的领域不同分类

根据投入领域的不同，投资可分为生产性投资和非生产性投资。生产性投资是指将资金投入生产、建设等物资生产领域，形成生产能力或可以产出生产资料的一种投资，又称生产资料投资。这种投资的最终结果将形成各种生产性资产，包括固定资产投资、无形资产投资、其他资产投资和流动资金投资。其中，前三项属于垫支基本投资，后一项属于周转资本投资。非生产性投资是指将资金投入非物质文化生活需要的一种投资。这种投资的最终结果是形成各种非生产性资产。

（三）根据投资方向不同分类

根据投资的方向不同，投资可分为对内投资和对外投资。从企业的角度来看，内部投资就是项目的投资，即企业为了获得用于企业生产和经营的固定资产、无形资产、其他资产和垫支流动资金而进行的一种投资。①对外投资是指企业购买国家和其他企业发行的证券或者其他金融产品（包括期货期权、信托、保险），或者向其他企业（如关联企业、子公司等）注入资金、实物或者无形资产时发生的投资。

（四）根据投资的内容不同分类

根据投资的内容不同，投资可分为固定资产投资、无形资产投资、其他资产投资、流动资产投资、房地产投资、有价证券投资、期货与期权投资、信托投资和保险投资等多种形式。

三、投资原则

（一）正确处理企业自身条件与宏观投资环境之间的关系

企业的生存和发展离不开宏观经济环境。企业能否在复杂的宏观环境中抓住机遇，能否在激烈的竞争中取胜，取决于对宏观环境的理解和把握程度。因此，有必要分析宏观环境，即分析影响企业成长和发展的政治、经济、文化、法律和技术环境，以便把握未来经济发展的方向，合理选择投资机会。同时，企业应充分了解自身的状况，包括财务实力分析、管理因素分析、企业经济周期分析等，以便根据自身情况选择合适的投资环境。企业在投资上经常遇到困难。有时宏观环境对投资是非常有利的，但由于

①邱静，郑莹，王琪．货币政策、财务柔性与企业投资方式[J]．会计之友，2018（8）：48-54.

自身的财力和管理等方面的制约，企业无法进行投资，或者可以进行一定的投资。然而，在国家产业政策、财政政策、税收政策等因素的影响下，在一段时间内找不到合适的投资项目，这就要求企业认真分析环境，创造投资机会，分析自身实力，选择适合自己的投资项目。

（二）正确处理投资需求与资金保证程度的关系

在市场经济条件下，由于竞争和企业自身发展的要求，企业的投资欲望是无止境的。然而，就企业而言，其用于投资的资金来源总是有限的。这就要求企业在进行投资项目时，要根据经济环境和企业自身的条件做出合理的选择，并优先考虑那些关键性和效益性投资项目。并对投资项目若干年内的资金需求量和来源渠道进行预测，处理好投资需求与资金保障程度之间的关系，使所需的投资得到保证，以产生预期的效益，又可避免因资金过多而产生资金闲置。

（三）正确处理内部投资与外部投资的关系

内部投资和外部投资的范围和目的是不同的。内部投资的范围是企业内部生产经营所需的各种资产的投资，其目的是维护企业的正常运行和发展。外部投资的范围是投资于企业的外部发展，其目的是为企业的闲置资金寻找出路。可以看出，内部投资是企业生存和发展的关键，也是外部投资存在的基础。内部投资的效应将极大地影响企业的整体效益，影响企业的声誉、积累能力、筹资能力和对外投资能力，对外投资不仅可以提高企业的效益水平，而且可以为企业内部投资创造更好的条件。可以看出，内部投资与外部投资的根本目标是一致的，但具体目标是不同的，因此协调两者之间的关系是非常重要的。

（四）正确处理投资风险与投资收益的关系

一般来说，收益越大，风险越大，收益的增加都是以风险增加为代价的，风险的增加会导致企业价值的下降，不利于财务目标的实现。企业在投资时，既要考虑收益又要考虑风险因素。

第二节 项目投资管理

一、项目投资的概念

项目投资是一种以特定项目为对象直接与新建项目或更新改造项目有关的长期投资行为。通常包括固定资产投资、无形资产投资和流动资金投资等内容。新建项目主要是新增企业的生产能力，属于扩张再生产（如固定资产的购建、扩建）。更新改造项目的主要目的是恢复和提高企业的生产能力，或者引进先进的生产技术，属于内涵式扩大再生产。项目投资具有以下几个特点。

（一）投资金额大

项目投资，尤其是战略性扩大生产能力投资，一般需要更多的资金，其投资额往往是企业和其投资者多年积累的资金，在企业的总资产中占有相当大的比重。因此，项目投资将对企业未来的现金流量和财务状况产生深远的影响。

（二）影响时间长

项目投资的投资周期和发挥作用的时间较长，投入资金回收缓慢，这将对企业未来的生产经营活动和长期经营活动产生重大影响。

（三）变现能力差

项目投资一般不打算在一年或一个经营周期内变现，即使在短期内变现，其变现能力也比较差。因为一旦项目投资完成，就很难再改变，不是无法实现，就是成本太高。

（四）投资风险大

影响项目未来投资收益的因素特别多，加上投资金额大、影响时间长、变现能力差，其间的市场需求、技术发展、国家政策和优先发展项目的定位，同行业的国内外竞争对手的实力可能会发生变化，这必然会导致其比其他投资更大的投资风险。它对企业的稳定和发展、未来的盈利能力和长期偿债能力都有着重要的影响，因此，项目投资在企业决策中占有十分重要的地位。

二、项目投资原则

为确保投资项目达到预期效果，应遵循以下原则。

（一）效益性原则

在市场经济条件下，企业要实现整体财务目标，就必须提高经济效益，获取更多的利润。企业在投资项目时，必须考虑到投资的经济效益和对企业整体经济效益的影响。在综合考虑其他因素时，应尽可能选择经济效益最大的项目。为了做出正确的投资决策，企业必须广泛收集相关的投资信息，了解市场趋势。

（二）安全性原则

一般来说，风险越大，报酬率越高；风险越小，报酬率就越低。因此，企业必须权衡投资报酬与风险之间的利弊。安全原则是指投资能够按时返还本金和投资收益。为了保证对外投资的安全，必须全面考虑被投资项目的特点和发展前景，并进行可行性分析。

（三）整体性原则

企业项目投资活动是企业整体管理活动的重要组成部分。项目投资必须服务于企业的整体经营活动，项目投资的目标应与企业的整体经营目标相一致。只有这样才能提高企业的整体经济效益，有利于企业的长期稳定发展。

三、项目投资的管理方法

确定投资项目可行性的评价方法很多，但可以概括为贴现现金流量指标和非贴现现金流量指标。

（一）现金流量

1. 现金流量的概念

现金流量是指投资项目在整个项目计算期内各项的现金流入量、现金流出量和净现金流量的统称。

2. 与现金流量有关的假设

（1）全投资假设：假设在确定项目的现金流量时，只考虑所有投资的运动情况。不论是自有资金还是借入资金等具体形式的现金流量，都视为自有资金。

（2）项目计算周期假设：投资项目从开工到最终报废清理的总时间称为项目计算周期。项目计算周期分为建设期和生产经营期两个阶段。项目计算周期的第一年开始，一般称为建设起点，第一年年末记为1，第二年年末记为2等，最后一年年末记为终结点。假设项目的最终报费清理均发生在终结点。

（3）时间假设：为了计算货币的时间价值，不论时点指标还是时期指标。现金流出一般在年初确认。现金流入发生的时点通常被认为是每年年底。

（4）现金流量符号的假设：假设现金流入量为正值，现金流出量为负值。

（5）假定使用寿命与折旧寿命一致。

3. 现金流出量

一个投资方案的现金流出是指该方案所引起的企业现金支出额的增加。项目投资产生的现金流出通常包括以下几个方面。

（1）建筑投资：指建设期间根据生产经营规模和建设内容计算的固定资产、无形资产和开办费用的总和，包括土地费用、土建工程费用、生产设备费用、设备安装费用、人员培训费用等。需要指出的是，建设投资不一定等于固定资产的价值，因为有些投资（如开办费用）不一定构成固定资产。即使是固定资产的投资，它与固定资产价值的形成也可能不一样，固定资产的价值可能包括建设期资本化的利息，但在建设期间利息并没有支付，因此不作为现金流出。

（2）流动资金投资：指项目投入运营前后在建设期间或者生产经营期间使用的营运资金（如原材料、产品储备和其他流动资产的资本投资相应增加）。预支流动资金一般假定发生在施工期结束时（或生产和运营期开始时）。

（3）经营成本：经营成本又称付现成本，是指在项目经营期间需用现金支付的成本费用。它是项目投产后最主要的现金流出项目。企业生产经营费用（包括产品成本、期间费用、产品销售税金及附加）并不一定都要在当期用现金支付，如固定资产折旧费，它属于固定资产的价值转移，是以前年度以现金支出在本期的摊销，因此，在计算现金流出量时应将其剔除，以客观地反映现金流出量的情况。所以，经营成本就等于生产经营费用扣除折旧费、摊销额及财务费用中利息支出后的余额。

此外，经营成本的节约额虽然相当于本期现金流入的增加，但在实务中一般把它以负值列入现金流出项目。

（4）各项税款：企业缴纳的所得税也是企业现金流出的一部分。所得税的计算公式如下：

所得税 =(营业收入 - 经营成本 - 折旧 - 摊销 - 费用利息) × 所得税税率

在对新建项目进行投资决策时，一般只计算所得税；更新和改造项目也需要估计因出售旧设备而产生的营业税。

（5）净现金流量：一个投资方案的净现金流量（NCF）是指投资计划在一定时期内的现金流入和现金流出之间的差额。所以说“一定期间”是指投资项目持续的整个计算期间，也可以指投资项目计算期间的每一年。整个计算期间的净现金流量计算公式如下：

净现金流量 = 现金流入量 - 现金流出量

净现金流量的计算：由于现金流量在投资项目计算期的不同阶段上的内容不同，从而使各阶段净现金流量表现出不同特点，因而实务中，通常按时间分阶段计算净现金流量。投资项目计算期按时间分为项目建设期和建成投产后的生产经营期。生产经营期的净现金流量分为经营期净现金流量和终结年净现金流量。

另外，如果投资方案不能单独计算盈亏，投资方案不增加销售收入，但却能使企业的付出成本减少，那么其现金净流量可按如下公式计算：

现金净流量 = 付现成本节约额 = 原付现成本 − 现付现成本

如回收额为零，则投资项目计算期的净现金流量就只有建设期净现金流量和经营期净现金流量。如回收额不为零，按照有关回收额均发生在终结点上的假设，还有终结年净现金流量。

（6）终结年净现金流量：终结年净现金流量是指项目寿命期的最后一年的净现金流量。投资项目完结时，会有各种资金的回收，包括收回的固定资产净残值或变价净收入，以及收回原垫支的流动资金。另外，终结年进行生产经营也会产生营业净现金流量，按照相关假设，其发生的时点也是在最后一年年末。综上所述，终结年净现金流量计算式如下：

终结年净现金流量 = 税后利润 + 折旧 + 摊销 + 费用化利息 +
回收额(固定资产余值 + 收回原垫支的流动资金)

（二）项目投资评价指标

项目投资评价指标很多，根据是否考虑资金的时间价值可分为非贴现指标和贴现指标。非贴现指标是指在计算过程中不考虑资本时间价值因素的指标，也称为静态指标，主要包括静态投资回收期和投资利润率。贴现指标是指在计算过程中充分考虑和利用资金时间价值的指标，也称为动态指标，主要包括净现值、净现值率、现值指数和内部收益率等。

1. 非贴现指标

（1）静态投资回收期：静态投资回收期是指项目投入运行后，在不考虑资金时间价值的情况下收回初始投资所需的时间。一般来说，投资回收期是以年为单位，有包括建设期的回收期（记作PP）和不包括建设期的回收期（记作PP'）两种方式。它们之间的关系公式如下：

包括建设期的回收期(包括施工期) =
不包括建设期的回收期(不包括施工期) + 建设期

如果施工周期为一年，则公式表示为：

$$PP = PP' + S$$

静态投资回收期的计算投资回收期一般较短。投资回收期越短，风险越小，经济效益越好；反之，投资回收期越长，风险越大，经济效益越差。根据各年度现金流量的不同特点，分别采用公式法和列表法计算投资回收期。

（2）投资利润率：投资利润率是指同一投资方案年平均净利润与原投资总额的比率，是反映项目盈利能力的一个相对数指标。

投资利润率公式为：

投资利润率 = 年平均净利润/原始投资总额

2. 贴现现金流指标

（1）净现值（NPV）：净现值，即净现金流量现值（NPF），是以投资者要求的最低收益率作为项目计算期间折现率计算的净现金流量现值（NPF）的代数总和。净现值公式为：

$$\begin{aligned}\text{净现值}(NPV) &= \text{各年净现金流量现值合计}\\ &= \sum_{t=0}^{n}(\text{第}t\text{年的净现金流量} \times \text{第}t\text{年的复利现值系数})\end{aligned}$$

从公式中可以看出，净现值必须用年净现金流量数据和贴现率来计算。贴现率是企业的必要收益率，可以是项目的资本成本率、机会成本率或行业平均资金收益率。

（2）净现值率（NPVR）：净现值率是指净现值与原始投资的总现值之比。净现值率公式为：

净现值率($NPVR$) = 项目净现值/原始投资的总现值

（3）现值指数（PI）：现值指数，又称获利指数，是指投资项目投入运营后，每年净现金流量总现值与原投资现值总和之比。现值指数公式为：

现值指数(*PI*) = 投产后各年净现金流量的现值合计/原始投资的现值合计 = (净现值 + 原始投资的现值合计)/原始投资的现值合计 = 净现值率 + 1

用代号表示为：$PI=NPVR+1$。

（4）内部收益率（Internal Rate of Refurn，IRR）：内部收益率是指项目投资实际可望达到的收益率，实质上是使投资项目的净现值等于零的折现率。内部收益率又称内部报酬率、内含报酬率。内部收益率的计算原理满足下列等式：

$$\sum_{t=0}^{n}\left[NCF_t \times (P/F,IRR,t)\right]$$

根据项目各年度现金流量的不同特点，可以采用特殊方法和一般方法来计算项目的内部收益率。

①特殊方法：当项目的全部投资均于建设起点一次投入，建设期为零，投产后每年净现金流量相等，可以采用这种简单而特殊的方法。在这种方法下，内部收益率可由下列公式确定：

$$(P/A,IRR,t) = C/NCF$$

式中：*C*——在建设起点一次投入的原始投资；

NCF——投产后每年相等的净现金流量（$NCF \geqslant 0$）；

P/A,IRR,t——n期、折现率为*IRR*的年金现值系数。

特殊方法的具体计算程序如下：第一步，在周期数已知的情况下，*C/NCF*得到年金的现值系数的值；第二步，查年金现值系数表。查第几年年金的现值系数值，如果计算出的年金的现值系数值为相同数值，对应的折现率是所要求的内部收益率。如果没有，继续下一步；第三步，采用内插法计算投资方案的内部收益率。在年金现值系数表第n期年金系数中找到与计算出的年金现值系数相邻的略大和略小的两个系数值及相应的折现率，将系数值及相对应的利率进行内插计算出投资方案的内部收益率。特殊方法中用内插法计算内部收益率的基本原理是任意两个利率差值的比，等于对应系数差值的比。

内插计算的内部收益率只是一个近似值。为了减少计算误差，相邻两种贴现率一般不应超过5%。

②一般方法（逐步测试）：如果项目投资净现金流量不符合上述具体方法的要求，即项目投入运行后的净现金流量不相等，则只能用一般方法计算。

一般方法的具体计算程序如下：第一步，估算贴现率，并按该贴现率计算净现值。如果净现值为正数，则应增加贴现率，然后计算；如果净现值为负数，则应降低贴现率，然后再进行测算。如此反复测算，找到从正到负并且比较接近于零的两种贴现率；第二步，根据上述两个相邻的贴现率和相应的净现值，采用内插法计算项目内部收益率。在一般方法中，内插法计算内部收益率的基本原理是任意两个利率差之比，等于相应的净现值差之比。

（三）项目投资决策方法的应用

在企业的实际生产经营中，有一些特殊的长期投资决策项目，这些项目的成败也会影响到企业的生产经营水平，企业应该重视这些特殊的长期投资决策项目。

设备的更新决策用新设备取代旧设备是否合算？采用哪个方案更好？本书选择了几个相互排斥的方案。这些方案的原始投资和使用寿命不一定相同，一般采用年平均成本法或年等额回收法进行分析，在可行性方案中选择成本最低或效益最高的方案。

1．年平均成本法

一般来说，设备更新并不改变企业生产能力，不增加企业收入，所以更新决策主要考虑现金流出，比较持续使用和更新的年平均成本进行决策，选择年平均成本较小的方案。

$$年平均成本=\frac{未来使用年限内现金流出总现值}{年金现值系数}$$

2．年等额资本回收法

当各方现金流入不同时，应计算年等额资本回收额进行比较。最佳的方案是年等额资本回收额最大的方案。

年等额资本回收 = 净现值/年金现值系数

第三节 债券投资管理

一、债券投资概况

（一）债券投资的概念

债券投资是指投资者购买债券、赚取债券利息、买卖差额的投资行为。债券作为债券投资的载体，其含义有：第一，发行人是借入资金的经济主体；第二，投资者是出借资金的经济主体；第三，发行人需要在一定时期内偿还本金和利息；第四，它反映了发行人与投资者之间的债权关系，而且是这种关系的法律凭证。

（二）债券的特点

1．偿还性

债券有规定的偿还期限，债务人必须向债权人支付利息并按时偿还本金。

2．流动性

债券持有人可以根据自己的需要和实际市场情况收回本金和利息。债券流动性的强弱在很大程度上取决于市场为转让提供的便利程度。

3．安全性

债券持有人的收益相对固定，不随发行者的营业收入而变化，本金可以及时收回。

4．科学性

债券可以给投资者带来一定的收益。

二、债券价值的确认

（一）债券价值确认的基本原则

债券价值是指债券投资的价值，是投资者投资债券后预期现金流入的现值，是投资者投资的最高可接受价格。如果债券持有到期，债券投资未来的流入包括债券利息和债券到期日收到的本金。债券的价值是债券的利息和本金的现值；如果债券不打算持有到期日并在中途转让，债券投资的未来流入包括债券的利息和转让价格，其价值是债券利息和转让价格的现值。

可以看出，债券价值的计算原理与债券发行价格的计算原理相似，它是债券发行价格的现值，其未来流动主要是利息和本金。不同之处在于：第一，流动的性质是不同的。债券发行价格是从发行人的角度出发，发行人将在未来支付利息和本金，主要是流出，所以是求未来流出的现值。债券的价值是站在投资者的角度。在未来，投资者需要赚取利息收入并收回本金，这主要是流入，因此是未来流入的现值；第二，计算现值时使用的折现率是不同的。债券发行价格是基于市场利率，即债券发行者的实际资本成本率或债券投资者的实际收益率。债券的价值是投资者所要求的必要回报率，即投资者期望达到的最低回报率。它可以是市场利率或行业平均收益率，也可以是企业的预期收益率。

一般来说，只有当债券的价值高于购买价格时，才能购买债券。由于价值是未来流入，而价格是流出，流入大于流出，净现值大于零具有财务上的可行性，因此价值高于购买价格时才能购买。

（二）确认不同类型债券的价值

当投资者投资债券时，他们的主要目的是获得利息收入。其价值的具体计算因利息计算方法的不同而不同。根据不同的利息计算方法，债券分为复合债券、单利债券和贴现债券。复合利息债券是按复利计息，即对本金和本金所产生的前期利息计算的债券。单利债券是指以单利计算，即只按本金计息的债券。贴现债券是指发行低于票面价值的债券，发行价格与票面价值之差等于预先支付的利息，债券在债券期满时按面值支付。

1. 确认分期应付债券的价值

计算持有期到期日价值的公式如下：

$$P = M \times i \times (P/A,K,n) + M \times (P/F,K,n)$$

式中：P——债券价值；

M——债券面值；

i——债券票面利率；

K——折现率；

n——付息期数。

如果中途转让，它的价值是转让前的利息收入现值和转让价格现值之和。

2. 到期一次还本付息且不计复利的债券价值的确认，持有到期时的价值计算公式如下：

$$P = M \times (1 + i \times n) \times (P/F,K,n)$$

如果中途转让，投资者只能获得一笔转让价格，因此它的价值就是寻求转移价格的价值。

3. 贴现债券价值的确认

由于贴现债券的未来流入只有一个债券面值，其价值计算为到期面值的现值。债券到期日价值的计算公式如下：

$$P = M(P/F,K,n) = M/(1 + K)^n$$

如果中途转让，投资者只能获得转让价格收益，因此它的价值就是寻求中途转让价格的价值。

三、债券投资回报的计算

收益的高低是影响债券投资的主要因素。债券投资收益以绝对数和相对数表示。在财务管理中，相对数字即收益率。通常有票面收益率、直接收益率、持有期收益率和到期收益率之分。只有当投资债券的实际收益率高于投资者所要求的最低收益率时，企业才会进行债券投资。

（一）票面收益率

票面收益率，又称名义收益率，是一种印在债券表面的固定利率，通常是年利息收入与债券面额的比率。计算公式如下：

$$票面收益率 = 债券年利率/债券面值$$

如果投资者在发行之日按面值购买债券，并在到期时持有债券，则投资收益等于票面收益率。

（二）直接收益率

直接收益率，又称本期收益率，是指债券的年利息收入与债券买入价之比。公式如下：

$$直接收益率 = 债券年利息/债券购买价格$$

直接收益率反映了投资者投资成本所带来的收益。

（三）持有期收益率

收益率是指投资者在购买一段时间后，在到期前出售债券后获得的收益。它包括持有债券期间的利息收入和资本收益。当债券持有期短于一年时，不同类型债券的收益率计算如下：

（1）分期偿还本金和利息的债券的到期收益率。

$$持有期收益率 = \frac{债券面值 \times 利率 + (债券卖出价 - 债券买入价) \times 年限}{债券买入价} \times 100\%$$

（2）到期一次还本付息债券持有期收益率。我国发行的债券多为到期一次还本付息的债券，在持有未到期出售的卖价中包含了持有期的利息收入。

$$持有期收益率=\frac{(债券卖出价-债券买入价)/持有年限}{债券买入价}\times 100\%$$

（3）贴现债持有期收益率。

$$持有期收益率=\frac{(债券卖出价-债券买入价)/持有年限}{债券买入价}\times 100\%$$

当持有时间较长时，持有期的平均年收益率应按年复合利率计算，即投资债券的净现值为零，现金流入现值等于现金流出现值的贴现率。投资债券的现金流入现值就是未来利息收入现值和卖出价格的现值的总和；现金流出现值就是债券当前的购买现值。其基本计算原理如下：

债券发行价格 = 债券利息收入现值 + 债券发行价现值

债券的贴现率是根据这个公式得出的，即债券的持有期收益率或内部收益率。计算方法类似于计算项目投资内部收益率的方法。具体计算过程与计算长期债券的到期收益率相同。

（四）到期收益率

到期收益率是指公司在购买债券后持有债券到期后获得的收益率。根据持有债券的时间是否超过一年，债券的到期日收益率可分为短期债券到期收益率和长期债券到期收益率。在计算长期债券收益率时，应考虑资金的时间价值。

1．短期债券到期收益率

短期债券是指在计算到期日收益率时不考虑资金的时间价值，从购买到期日的期限不超过一年的债券。

（1）分期偿还本金、支付利息的债券的到期收益率。

$$到期收益率=\frac{债券年利息+(债券面值-债券买入价)/剩余到期年限}{债券买入价}\times 100\%$$

（2）还本付息债券的到期收益率。

$$\text{到期收益率}=\frac{\left[\text{债券面值}\times\left(1+\text{债券票面利率}\times\text{债券有限年限}\right)-\text{债券买入价}\right]}{\text{债券买入价}\times\text{剩余到期年限}}\times 100\%$$

（3）贴现债券到期收益率。

$$\text{到期收益率}=\frac{\left(\text{债券面值}-\text{债券买入价}\right)-\text{剩余到期年限}}{\text{债券买入价}}\times 100\%$$

2．长期债券到期收益率

长期债券是指从购买到期已持有一年以上的债券。然后在计算到期收益率时考虑到货币的时间价值。其计算原则与持有期收益率相同，即计算现金流入贴现率等于现金流出。只有持有期收益率的未来流入是未来利息收入和销售价格，而到期收益率的未来流入是未来利息收入和本金收回。基本计算公式如下：

$$\text{债券发行价格}=\text{债券利息收入的现值}+\text{本金现值}$$

只要债券到期日的收益率不低于公司所要求的最低投资回报，就值得购买。

分期偿还本金或支付利息的债券的到期收益率。

$$\text{债券购买价格}=\text{年息}\times\text{年金现值系数}+\text{债券面值}\times\text{复合利息现值系数}$$

第四节　股票投资管理

一、股票投资概述

（一）股票投资的概念

股票是公司为筹集资金而发行的代表所有权的证券。购买股票是企业投资的一种重要方式。股票投资的目的主要有两种：一是获利，即作为一般证券投资，获得股利收益和股票交易差额；二是控股，即用购买某一企业的大量股票来实现控制企业的目标。

（二）股票投资的特点

股票和债券投资都属于有价证券投资。与其他投资相比，证券投资具有高风险、高收益、易于变现的特点。与债券投资相比，股票投资具有以下几个特点。

1. 股票投资是权益性投资

虽然股票投资和债券投资都是证券投资，但投资的性质不同。股票投资是权益性投资，股票是代表所有权的凭证，持有人作为发行公司的股东，有权参与公司的经营决策。

2. 投资股票的风险很大

在购买股票后，投资者不能要求股票公司偿还本金，只能在股票市场上转让。因此，股票投资者至少面临着两个方面的风险：一是发行公司经营不善的风险；二是股票市场价格变动所造成的价差损失风险。

3. 股票投资高回报

由于投资风险高，股票作为一种收益不确定的证券，其收益率普遍高于债券。

4．股票投资回报不稳定

股票投资的收益主要是指公司发行的股利和股票转让的差价收益。

5．股票价格波动性大

股票价格不仅受发行公司经营状况的影响，还受股票市场投机等因素的影响，使股票价格波动较大。

二、股票价值确认

（一）股票价值确认的基本原则

股票的价值，即对股票的投资价值，是投资者投资股票后预期现金流入的现值。股票给持有人带来的未来现金流入包括股利收入和出售时的收益两部分。计算其价值的基本公式是：

$$P = \sum_{t=1}^{n} \frac{R_t}{(1+K)^t}$$

式中：P——股票价值；

R_t——股票第 t 年的现金流入量（包括股利收入、卖出股票的收入）；

K——折现率；

n——持有年限。

股票价值的计算原理与现金流量贴现法确定股票发行价格的计算原理基本相同，即求现值，但流量性质和贴现率的选择有所不同。

与债券一样，只有当股票的价值高于购买价格时，才能购买。

（二）不同种类股票价的确认

1．零增长股票价值的确认

零增长股票是固定股利，其价值计算公式如下：

$$P = D/K$$

式中：D——每期固定的股利。

优先股的股利也是固定的，股利的价值也是用这个公式计算的。

2. 对固定增长型股票价值的确认

如果企业发行的股票按固定比率增长，称为固定增长型股票，其价值计算公式如下：

$$P=\frac{D_1}{K-g}$$

式中：D_1——第一年的股利；

g——每年固定的增长率。

第五节　基金投资管理

一、投资基金的含义

投资基金是一种利益共享、风险共担的集合投资方式，即通过发行基金股份或受益凭证等有价证券聚集众多的不确定投资者的出资，交由专业投资机构经营运作，以规避投资风险并谋取投资收益的证券投资工具。

二、投资基金种类

（一）根据组织形态的不同分类

根据组织形态的不同，可分为契约型基金和公司型基金。

1. 契约型基金

契约型基金又称为单位信托基金，是指把受益人（投资者）、管理人、托管人三者作为基金的当事人，由管理人与托管人通过签订信托契约的形式发行受益凭证而设立的一种基金。契约型基金由基金管理人负责基金的管理操作；由基金托管人作为基金资产的名义持有人，负责基金资产的保管和处置，对基金管理人的运作实行监督。

2．公司型基金

公司型基金是指按照公司法以公司形态组成的基金，它以发行股份的方式募集资金，一般投资者购买该公司的股份即为认购基金，也就成为该公司的股东，凭其持有的基金份额依法享有投资收益。

3．契约型基金与公司型基金的比较

（1）资金的性质不同：契约型基金的资金是信托财产，公司型基金的资金为公司法人的资本。

（2）投资者的地位不同：契约型基金的投资者购买受益凭证后成为基金契约的当事人之一，即受益人；公司型基金的投资者购买基金公司的股票后成为该公司的股东，以股息或红利形式取得收益。因此，契约型基金的投资者没有管理基金资产的权利，而公司型基金的股东通过股东大会和董事会享有管理基金公司的权利。

（3）基金的运营依据不同：契约型基金依据基金契约运营基金，公司型基金依据基金公司章程运营基金。

（二）根据实现方式的不同分类

根据实现方式的不同，可分为封闭式基金和开放式基金。

1．封闭式基金

封闭式基金是指基金的发起人在设立基金时，限定了基金单位的发行总额，筹集到这个总额后，基金即宣告成立，并进行封闭，在一定时期内不再接受新的投资。基金单位的流通采取在交易所上市的办法，通过二级市场进行竞价交易。

2．开放式基金

开放式基金是指基金的发起人在设立基金时，基金单位的总数是不固定的，可视经营策略和发展需要追加发行。投资者也可根据市场状况和各自的投资决策，或者要求发行机构按现期净资产值扣除手续费赎回股份或受益凭证，或者再买入股份或受益凭证，增加基金单位份额的持有比例。

3．封闭式基金与开放式基金的比较

（1）期限不同：封闭式基金通常有固定的封闭期，而开放式基金没有固定的期限，投资者可随时向基金管理人赎回。

（2）基金单位的发行规模要求不同：封闭式基金在招募说明书中列明其基金规模，开放式基金没有发行规模限制。

（3）基金单位转让方式不同：封闭式基金的基金单位在封闭期限内不能要求基金公司赎回。开放式基金的投资者则可以在首次发行结束一段时间（多为三个月）后，随时向基金管理人或中介机构提出购买或赎回申请。

（4）基金单位的交易价格计算标准不同：封闭式基金的买卖价格受市场供求关系的影响，并不必然反映公司的资产净值。开放式基金的交易价格则取决于基金的每单位资产净值的大小，基金不受供求影响。

（5）投资策略不同：封闭式基金的基金单位数不变，资本不会减少，因此基金会可进行长期投资。开放式基金因基金单位可随时赎回，为应对投资者随时赎回兑现，基金资产不能全部用来投资，更不能把全部资本用来进行长线投资，必须保持基金资产的流动性。

（三）按投资标准的不同分类

按投资标准的不同分为股票基金、债券基金、货币基金、期货基金、期权基金、认股权证基金、专项基金等。

1．股票基金

股票基金是各类基金中最受欢迎的一种，它指的是一种投资于股票的投资基金，其投资对象分为普通股和优先股，其风险要比个人投资股票市场的风险小得多，并且具有很强的流动性和变现性，因此，它也是一种比较受欢迎的基金类型。

2．债券基金

债券基金是投资管理公司为稳健型投资者而设计的一种投资基金，投资于各种债券，如政府债券、市政债券、公司债券等。债券基金通常远低于股票基金的风险和收益率。

3．货币基金

货币基金是一种货币存款投资基金，目的是帮助投资者参与外汇市场，赚取较高的利息。其投资工具包括银行短期存款、国库券、市政公债、公司债券、银行承兑票据和商业票据等。该基金具有投资风险低、投资成本低、安全性和流动性高等特点，属于整个基金市场中低风险的安全基金。

4．期货基金

期货基金是指为获得较高的投资回报而投资于期货市场的投资基金。由于期货市场具有高风险、高回报的特点，因此投资期货基金不仅有可能获得较高的投资收益，而且面临较大的投资风险。

5．期权基金

期权基金是指以期权作为主要投资对象的基金。期权交易是指期权购买者向期权出售者支付一定费用后，取得在规定时期内的任何时候，以事先确定好的协定价格，向期权出售者购买或出售一定数量的某种商品合约的权利的一种买卖。

6．认股权证基金

认股权证基金是指以认股权证为主要投资对象的基金。认股权证是指由股份有限公司发行的、能够按照特定价格，在特定时间内购买一定数量该公司股票的选择权凭证。由于认股权证的价格是由公司的股份决定的，一般来说，认股权证的投资风险较通常的股票要大得多。因此，认股权证基金也属于高风险基金。

7．专门基金

专门基金由股票基金发展演化而成，属于分类行业股票基金或次级股票基金，包括黄金基金、资源基金、科技基金、地产基金等，这类基金的投资风险较大，收益水平较易受到市场行情的影响。

第四章　税收风险管理

第一节　税收风险管理概述

一、税收风险概述

（一）税收风险的定义

从税收风险概念涵盖的范围来看，广义的税收风险是指税收在实现其职能过程中，由于税制体制方面的缺陷，或经济环境和纳税环境的不确定性，或征纳双方以及种种不可预知和控制的因素所引起的税源状况恶化、税收调节功能减弱、税收增长乏力、应征税款流失，最终导致税收职能行使预期与税收职能行使结果不一致的可能性。

OECD（经济合作与发展组织）把税收风险定义为税收遵从风险，这也是狭义税收风险的概念。税收风险是指在税收管理中，对提高纳税遵从目标实现产生负面影响的可能性。用于税收领域，税收风险就表现为税收流失的不确定性或预期应收尽收结果与实际征收结果的偏离。从OECD税收风险管理实践经验以及我国近年来对税收风险管理的探索来看，我们常说的税收风险是税收遵从风险。主要基于以下两个方面考虑：一是根据税收缺口理论，税收征管的目标是“应收尽收”，这就要求纳税人全面纳税遵从，实现了纳税人端的“应缴尽缴”，即可实现税务机关的“应收尽收”目标；二是从税收管理目标的法理解释来看，现代民主社会是契约社会，宪法和法律是国家的核心契约，国家和百姓通过法律达成契约。税收法律也是一个契约，公民把一部分权利让渡给政府，政府通过一部分组织资源和财力履行它的职能，即政府和纳税人之间有了一个约定，约定大家要缴纳多少税收。如果实现了纳税人的全面遵从，税务机关就没有存在的价值，但税收的特性决定了遵从不容易。对不知晓税法导致的不遵从，税务机关应当履行纳税服务职能，帮助纳税人理解税法履行纳税义务；对利益考虑等主观故意不遵从的纳税人，税务机关应当履行税收执法职能促进纳税人遵从。因此，税收风险是因纳税人是否遵从税法产生的，所以OECD把税收风险定义为税收遵从风险。

（二）税收风险的特征

税收风险是风险在税收领域的具体表现。因此，税收风险具有风险的一般属性，同时税收风险也具有其特有的行业特性。

1．客观性

税收风险存在的客观性，也可称为税收风险存在的必然性。这种特性的存在，是企业追求利润最大化和税务部门追求效能最大化所固有的目标之间的矛盾所决定的。首先，企业为了实现税后净利润的最大化，必然存在追求纳税成本最小化的动机，在提供真实全面涉税信息等方面就可能设置障碍；其次，税务机关在实施税收征收和管理过程中，因信息获取、技术手段、职业道德等方面，形成了税收风险隐患；最后，不论是征税方还是纳税方，对税收政策、征管程序等方面的理解存在差异，直接导致了税收风险的产生。

2．差异性

税收风险在征税方、纳税方以及不同地域之间存在一定的差异。对于纳税人来讲，经营规模、社会责任、管理水平等各方面千差万别，企业税收风险的大小、环节也各自不同。对于税务机关来讲，职业道德、管理水平、技术手段、地方支持等各方面也存在很大差异。对于不同地域来讲，文明程度、风俗习惯、经济发展等各方面差异，间接造成了税收风险的不同。

3. 可控性

不论是纳税人还是税务部门，税收风险都是可知、可控的，也就是说税收风险具有可预见性。一方面，纳税人主观上实施的涉税相关业务计算与核算的调整等行为，导致其与税收政策、法规等出现矛盾甚至相互背离，纳税人自身存在的税收风险，纳税人主观上存在对其可控的需求；另一方面，作为征税方的税务机关，对可能造成税收风险的各类因素具有防范需求，必然推动税务机关进行风险识别，从而实施风险的事前预警和防控。

4. 复杂性

造成同一税收风险的原因，不能简单地归结于某一个具体方面，而是多方面因素综合叠加所致。也就是说，同一税收风险，可能既有企业方面的原因，又有税收管理方面的原因；既有主观意识的原因，也有具体操作的原因；既有征纳双方自身的原因，也有社会甚至是地方干预的原因等。

5. 关联性

税收风险虽然散布于税收管理的各领域、各环节，但往往互相之间产生影响，相互关联，辩证统一。例如，税收风险可能造成税务人员履职廉政风险，也可能造成税款流失等。

二、税收风险的表现形式

（一）税收风险的分类

目前，对税收风险的分类，其划分标准不同，税收风险的类别也不尽相同。较为典型的分类方法主要有以下几种。

1. 按照法定义务不同分类

OECD 2004年指导性文件指出纳税人有四项基本义务，包括登记、申报、信息提供和缴纳税款。据此，税收风险按法定义务分为登记风险、申报风险、信息风险和纳税风险。

2. 按照税收风险的内容不同分类

税收风险按内容可以分为收入损失风险、行政责任风险、刑事责任风险、失去某种资格风险和失去声誉风险。

3. 按照税收风险的原因不同分类

税收风险按原因可以分为制度风险、执法风险、遵从风险。

4. 按照风险发生的层次不同分类

税收风险按层次可以分为战略风险和战术风险。战略风险包括收入风险、体制风险、政策风险、立法风险、机构及资源配置风险。战术风险包括税源管理风险、执法风险、纳税行为风险、服务行为风险等。

5. 按照风险持续的时间不同分类

税收风险按持续时间可以分为突发性税收风险、阶段性税收风险和常态性税收风险。突发性税收风险是由于某种特定因素导致的短期税收风险，通常带有暂时性、突然性的特征；阶段性税收风险是由于经济状态、政策规定、征管手段等发生变化而导致的税收风险，通常带有可预见性、非重复性的特征；常态性税收风险是税收管理中常见的税收风险，一般风险产生原因较为复杂和深刻，较长时间内无法完全解决。

在税收风险管理研究中，只有明确税收风险管理主体和研究对象，才能建立有效的风险识别体系和应对方法。各级税务部门应按照国家税务总局进一步深化税收征管改革的基本思路，通过建立税收风险管理流程，将风险管理的理念和方法贯穿于税收征管全过程，把有限的征管资源优先用于风险较高的纳税人，从而实现提高税法遵从度和纳税人满意度、降低税收流失率和征纳成本的税收征管改革目标。因此，按照上述税收风险表现形式分类，本书研究的重点是以税务机关和纳税人为主体的税法遵从风险，其需要通过税务机关和纳税人的共同努力来降低，即税务机关应运用服务与执法手段达到纳税人实现纳税遵从、降低税收流失的目的；纳税人通过建立税务风险防控机制达到防范、降低、化解税收风险的目的。

（二）税法遵从风险的主要类型

1. 纳税遵从风险

纳税遵从风险指纳税人因规避纳税义务或没有正确、充分执行税收政策而导致经济利益、社会信用等方面受到损失的可能性。主要表现在以下三个方面：一是因纳税信用缺失而在主观上逃避纳税义务，形成税收风险存在的可能性；二是因素质能力缺位，对税收法规的理解和执行发生偏差，因而可能增加额外经济支出的可能性；三是因各种原因没有充分、及时、足额享受税收优惠政策而可能减少应得经济利益。税收风险对企业的影响很大，企业必须加强对税收风险的管理和预防，以规避不必要的经济损失和成本增加。

2. 税收征管风险

税收征管风险主要是指在一定时期和现实条件下，税务机关或税务人员在执行税法时，因主观或客观因素造成的税收征管结果的不确定性，其结果是造成税款流失及发生这种损失的可能性的大小。包括税制改革风险、涉外税收风险、税源监管风险、纳税服务风险。

（1）税制改革风险：我国当前正处于经济结构深度调整的关键时期，按照党的十八大提出的全面建成小康社会的宏伟目标和发展蓝图，必须加快建立符合我国国情，有利于经济社会科学发展和公平分配的现代税收制度，充分发挥税收筹集收入和调控经济、调节分配等各方面的职能作用。在推进和深化税制改革过程中，如何理顺中央和地方财力与事权相匹配的管理体制，在注重效率的同时更加突出公平正义，始终面临着一系列的不确定性因素，存在顶层设计的潜在风险。也就是说，中央与地方、公平与效率、发展与稳定之间如何兼顾存在一定风险。

（2）涉外税收风险：随着改革开放的不断深入，大量的跨区域、跨国界的企业集团越来越成为我国税收来源的重要组成部分。这部分涉外企业，由于在思想观念、税收体制、文化认同等方面的差异，造成了税收流失的极大风险，同时也是税务机关征管工作的难点、薄弱点和着力点。研究中国经济增长过程中涉外税收流失风险，构建相应的风险识别指标体系，制定相应的风险应对方法是当前我国各级税务机关所面临的、迫切的重要课题。

（3）税源监管风险：经济决定税源，但税源转变成为税收的程度与税务机关的税源监控能力具有密切的关系。从目前情况来看，我国税源监控能力还存在很多掣肘，如征纳双方涉税信息不对称，税务机关很难掌握全部纳税人的所有真实涉税信息；我国对税源监控的理念、方法、机制、手段等方面还比较滞后，“划片管户”“人海战术”“管理缺位”等问题还比较突出，税收征管的科学性、针对性和实效性还有待加强，“疏于管理、淡化责任”的问题没有得到根本解决。

（4）纳税服务风险：近年来，随着我国建设公共服务型政府力度的加大，纳税服务工作也上升到了税收核心业务的高度。我国纳税服务的理念、体系、方法、手段也在不断丰富和完善。但应该看到，纳税服务工作也存在一些潜在风险。总体来看，整体纳税服务工作还不能够满足纳税人多元化、个性化涉税需求，一些税务机关和工作人员对纳税服务实质内涵的理解存在偏差，把税收征管和纳税服务工作对立起来，低水平、浅层次、单一性的服务工作还有待加以根本扭转。税务干部队伍的整体服务水平还有待进一步提高，税收征管和纳税服务的深度融合还有待进一步研究探索。

3．税收廉政风险

税收廉政风险是指税务机关和税务人员在实施税收执法权和内部行政管理权的过程中，在人、财、物、征、管、查、减、免、罚等重点管理环节实施权力“寻租”，以税谋私、以权谋私，管理或执法随意性大，带来的执法风险和滥用职权、玩忽职守、徇私舞弊造成的廉政风险。主要表现在：税收执法人员徇私舞弊或者玩忽职守，不征或者少征税款；违反法律、行政法规的规定提前征收、延缓征收税款；随意改变税种、入库级次和入库地点等。不规范的税收征管行为，使税务机关面临形象受损、执法信誉降低等风险，其直接负责的主管人员和其他直接责任人员还将面临行政责任或刑事责任追究的风险。

4．税收安全风险

税收安全风险是指税收工作在发挥筹集财政收入过程中，因信息技术、自然灾害、国际环境等相关因素影响，造成税收收入持续稳定增长的不确定性。表现在信息技术方面，是指随着税收信息化建设的不断深入，税收征管数据集中程度越来越高，存在造成数据灾难性风险的可能性以及利用信息技术进行偷逃骗税的可能性；表现在自然灾害方面，主要是指因自然环境破坏发生的各种自然灾害对市场经济主体组织生产经营、税务机关组织税收收入造成的风险；表现在国际环境方面，主要是指全球经济环境对我国经济发展可能造成的一系列负面影响，如金融危机、贸易壁垒、经济制裁等。

三、税收风险管理的定义

在2009年6月全国税收征管和科技工作会议上，首次对税收风险管理给出了科学定义：税收风险管理是指税务机关通过先进的管理和技术手段，预测、识别和评估税收风险，根据不同的税收风险制定不同的管理战略，并通过合理的服务和管理措施规避或防范税收风险，以提高税法遵从度和税收征收率。科学理解这一定义，需要从以下几个方面来把握。

（一）信息管税是实施税收风险管理的支撑

信息管税，就是充分利用现代信息技术手段，以解决征纳双方信息不对称问题为重点，以对涉税信息的采集、分析、利用为主线，加强业务与技术的融合，健全税源管理体系，进而提高税法遵从度和税收征收率。信息管税体现了以信息化带动征管现代化的必然要求，是逐步破解征纳双方信息不对称难题的有效手段，是全面提高税收征管工作水平的必由之路。

（二）认知风险是实施税收风险管理的关键

“风险的认识”是运用税收政策、征管方法或是信息化手段、统计学技术对税务风险进行深度剖析，找出风险发生作用的因素和相互联系，得到风险排序表和提炼一般性规律，最终形成税收风险知识。精确预测、识别和评估各类税收风险是实施税收风险管理的关键。也就是说，如果不能科学、精确地对可能存在的各类税收风险进行预测、识别和评估，实施税收风险管理就失去了正确的方向。

（三）差异化应对是实施税收风险管理的核心

对不同等级的税收风险综合运用提醒、约谈、核查、检查等不同的风险应对策略，可以更好地解决当前征管资源有限、征管效率不高等问题，要将优势征管资源优先用于高风险税收管理，进而大大提高税源管理的针对性，牢牢抓住事物发展的主要矛盾和矛盾的主要方面。

（四）税收风险管理是实施专业化管理的导向

《国家税务总局关于开展税源专业化管理试点工作的指导意见》明确指出，要将风险管理理念贯穿税源管理全过程，把有限的征管资源优先用于风险大的纳税人，实现管理资源的优化配置；制订税收风险管理战略规划，按照分析识别、等级排序、应对处理、绩效评估等设计税收风险管理流程；建立风险预警指标体系和评估模型及风险特征库；根据不同类型纳税人的不同风险，采取纳税辅导、风险提示、纳税评估、税务稽查等风险应对措施，促进纳税遵从度提高。

（五）提能增效是实施税收风险管理的目标

所谓提能，就是通过税收风险管理，促进纳税人努力提升纳税遵从的能力和水平，不断降低纳税遵从风险，减少税收流失；所谓增效，就是要按照风险管理战略规划、风险识别、风险排序、风险应对和风险管理监控评估等程序架构，形成上下互动、运行顺畅的税收遵从风险控管流程体系，进一步增强税源管理的质量和效率。

四、税收风险管理的主要环节

整个风险管理主要由目标规划、风险识别、风险等级排序、风险应对和绩效评价五个阶段组成。其中，目标规划形成风险管理架构，风险识别基于税收风险的来源，等级排序形成对税收风险的认识，风险应对就是对税收风险的处理，绩效评价基于对税收风险的再认识对整个税收风险管理工作进行评价和修正。

（一）目标规划

目标规划是管理层在对外部环境和内部条件进行认真分析研究的基础上，对一定时期内税收风险管理的工作目标、阶段重点、方针策略、主要措施、实施步骤等做出的具有系统性、全局性的谋划。包括风险管理总体目标；对风险识别、风险排序、风险应对、绩效评估等环节的重点工作安排及目标要求；信息化支撑、知识培训、其他保障等重点工作安排及目标要求等。

（二）风险识别

风险识别是指寻找税收风险发生的可能领域，识别税收风险发生的具体目标。纳税人的涉税信息情报是开展风险识别的重要基础，风险识别机制的运行效率往往依赖于一个比较健全的情报管理机制。特别是在外部涉税信息获取上有赖于社会协作、新的立法、研究机构、政府部门、行业协会和其他组织等各方面的支持配合，需要建立一个“集中管理、上下互动、一体化”的税收情报管理体系。

（三）风险等级排序

风险等级排序是依据事件发生的概率和事件发生对税收遵从的负面后果，运用税收政策、征管方法、信息化手段、统计学技术对税收风险进行深度剖析，找出风险发生作用的因素和相互联系，根据频率、概率、影响程度等因素提炼一般性规律，最终形成税收风险值。

（四）风险应对

风险应对是指通过正确分析纳税人遵从群体中遵从行为产生的原因，做出相应的应对策略，一般情况下是一组策略而不是单一的方法。风险应对主要采取包括避免、减少、转移、保留等基本策略在内的消除和化解税收风险手段。避免是指改变风险因素，使风险不再出现；减少是指降低风险因素的频率、概率和影响程度；转移是指将税收风险转嫁给其他主体；保留是指对暂时无法处理的风险，等待时机成熟时再处理。在实施税收风险应对中，避免是最佳方法；减少是使用最多的方法；转移是基于法律的手段，如纳税担保；保留是时机不成熟时的选择，但同时必须做好应急方案。

（五）绩效评价

税收风险管理绩效评价，是指通过对前面所有环节的审视，重新得到税收风险的知识。这个阶段完成的任务包括检查税收风险的来源是否准确，税收风险的认识是否正确，税收风险的处理是否适当。同时，它还将在风险的处理过程中寻找新的目标，从而最终完成整个税收风险管理的循环。税收风险管理的一个重要功能，就是帮助税务机关找到管理资源配置策略和遵从目标最大化之间的最佳结合点。综上所述，实施税收风险管理：一要树立风险管理理念；二要采取积极的激励措施；三要加强宣传教育和信息采集；四要提高发现可知风险的能力；五要对高风险实施重点监控；六要根据税收风险发现的问题，对相关的税收法规和制度进行修正和完善。

五、税收风险管理的实施原则

OECD认为国家税收风险管理的核心理论有两点：一是不同的纳税人会有不同的纳税风险，税务机关应该制定不同防范风险策略；二是国家赋予税务机关的资源是有限的，应该把有限的征管资源用于高风险的纳税主体。依据这一思想，结合我国税收工作实际，实施税收风险管理应坚持以下原则。

（一）依法行政原则

实施税收风险管理，必须以依法治税为前提，所有税收风险管理工作涉及的管理制度、工作标准、运行程序、应对措施等，都必须在税收征管法及其实施细则等一系列税收法律法规的框架下进行。同时，要加快税收征管法及其实施细则的修订，为深化信息管税、开展纳税评估等风险管理工作提供良好法治环境。

（二）遵从导向原则

实施税收风险管理，要贯彻落实科学发展观，坚持以人为本，以促进纳税人遵从税法为基本原则，以促使纳税人自我修正税收风险为主，以惩处恶意违法和拒绝自我修正为辅。同时，要注重把纳税服务作为降低纳税遵从风险的重要手段，建立和完善标准化、专业化、信息化、集约化的纳税服务体系。

（三）信息管税原则

大力推进信息化和“金税四期”工程建设，充分利用现代信息技术手段，以解决征纳双方信息不对称问题为重点，以对涉税信息的采集、分析、利用为主线，树立税收风险管理理念，完善税收信息管理机制；多渠道及时、完整、准确地采集、掌握、分析税源信息，并将信息进行分类，从纳税人所处行业、企业规模、经营状况、管理水平等方面进行识别，综合确定各风险行业、风险企业和风险指标。

（四）差异化应对原则

通过对税收风险的识别、排序，针对不同风险程度的企业，科学采取不同风险应对方式，把征管资源优先用于高等级风险的应对上，区分轻重缓急，最大限度地防控或消除税收风险，从而进一步增强税收管理的科学性、针对性和实效性，提高税收征管工作的质量和效率。

（五）持续改进原则

树立持续改进、不断创新、科学发展的理念，不断丰富和完善税收风险管理体系，充分掌握税源发展规律，分级建立和完善省、市、县三级风险特征库，根据经济税源形势发展呈现的新特征，有针对性地不断改进和优化风险指标体系；同时，大力推进“金税四期”工程推广，运用现代信息技术手段，不断创新税收风险应对的措施和方法。

第二节 增值税税收风险管理

伴随着我国税收征管体制改革的不断推进，税务机关不断加强税务管理，逐步实现对不同税种联动管理。在营改增过程中，基于商品流转出现的增值额所产生的增值税已经成为重要的计税依据，这对企业来说意味着更大的税务风险。因此，企业需要有意识地加强增值税管理，在企业内部构建更完善的增值税管理系统，防范税收政策与市场变化所带来的税务风险，降低企业税务成本，获得更高的经济效益，以更好地适应当前市场发展，适应政府税务改革现状，实现企业健康长远发展。

一、企业增值税管理的意义

（一）增值税管理能够帮助企业更好地实现经营目标

随着我国市场经济发展水平的不断提升，企业所面临的市场环境越来越复杂，要想在激烈的市场竞争中脱颖而出，就需要提高企业税务管理能力，有效控制自身税务成本。增值税属于流转税的一种，企业增值税缴纳数额直接关系到企业经营管理成本，如果能有效减轻增值税税务负担，就能够帮助企业更快更直接地实现利益最大化的经营目标。①

（二）增值税管理能够帮助企业提升财务管理水平

在企业财务管理中，税务管理是一项非常重要的内容，企业严格依据相关的法律法规合理规划，在充分了解财务税法规定的基础上把握好税务管理的具体流程，建立完善的税务管理机制，明确增值税管理中可能存在的各种问题，能够在很大程度上提升企业财务管理水平。

---

①孔维乾．新税制下企业增值税纳税筹划的对策[J]．纳税，2021，15（36）：32-34.

（三）增值税管理能够帮助企业打造更好的企业形象

增值税管理水平在一定程度上能够直观反映出企业存在的经营管理风险。如果企业为了实现短期利益，选择非常规的手段介入经营管理，必然会引起增值税管理异常，从而引起税务管理部门的关注，情况严重时甚至会收到其发出的警示，影响企业纳税信用等级。可以说，增值税管理水平的高低直接关系到企业的信誉等级，做好增值税管理有利于企业良好形象的塑造。

二、当前我国企业增值税管理中存在的风险及成因

（一）企业内部缺乏合理的增值税管理机制

虽然我国很多企业就税务管理工作专门设立了独立的税务部门，但是管理工作大多停留在表面，从事税务管理工作的人员普遍还负责企业的财务工作，并且与其他岗位相比，税务岗位人员流动性更大，从业人员专业素养参差不齐，难以充分满足增值税税务管理工作的需求。从具体工作内容来看，企业没有对财务工作和税务管理内容做出明确划分，二者在很大程度上存在工作内容重叠的情况，普遍存在一人身兼多职的现象，税务人员很难树立更高的税务风险管理意识。归根结底，企业没有真正认识到税务风险防控工作的重要性，错误地认为税务风险防控就是财务工作的一部分，割裂了税务管理与其他部门之间的关系，破坏了税务管理工作的整体性，无法在企业生产经营管理全程中有效开展增值税税务管理，导致税务风险统筹出现问题，企业不得不支付高额的增值税。这在大大增加企业经营管理成本的同时，还增加了不必要的税务风险。

（二）企业缺乏跨部门联动的税务风险防控体系

现阶段，增值税管理在很多企业中都还停留在税务人员操作管理的层面，依然只被视为普通的税务管理工作，并没有被纳入企业内部核心管理范畴。一方面，虽然企业财务部门已经针对增值税进行了税务管理，但是

大多只是出于对经营管理成本与资金运营的考虑，并没有树立增值税税务风险防范的相关意识，也没有主动采取措施去规避可能存在的税务风险，更没有主动预测国家税收变化，准确判断风险变化，而是常常被动地接收相关信息，造成风险事故频发。另一方面，由于企业缺乏畅通的内外沟通渠道，部门之间的联系交流较少，从事税务管理的工作人员局限于本部门数据信息，难以统筹企业生产经营全过程。当企业发生税务风险后，由于内部信息沟通不畅，税务工作人员无法第一时间在企业内部进行信息传递，导致企业难以及时应对，风险积累到一定程度，必然会为企业带来巨大损失。与此同时，税务工作人员与税务部门之间的沟通缺位，也会使企业无法第一时间掌握税务政策变化，不能快速应对，从而形成潜在的税务风险。

（三）企业没有建立完善的风险评估与预警机制

要想有效开展税务风险管理，提前做好规避措施，企业就要有效开展风险评估，这既是开展税务风险管理的前提，也是后续风险防控工作的基础。可以说，税务风险评估的有效运用能够帮助企业更好地降低增值税风险系数，税务机关也不需要多次进行风险评估提醒，大大降低了企业的增值税税务成本。但当前，我国还有很多企业没有就增值税建立相应的税务风险评估体系与预警机制，没有在企业经营管理全过程中认真落实税务风险预警机制，常常出现很多税务风险问题。归根到底，还是由于企业税务工作人员没有树立一定的税务风险防控意识，税务风险防控能力有限，不能适应不断发展变化的税务政策变化环境，无法充分把握税收政策，难以在实际工作中精准识别税务风险。

（四）企业内部缺乏对增值税风险防范工作的监督管理

我国很多企业虽然从名义上设立了税务管理部门，但实际上依然是财务部门负责税务风险工作，缺乏部门独立性，无法有效开展税务风险管理，从事审计工作的人员也缺乏独立性，不能站在更加客观的角度处理税务风险问题，使得增值税风险防范的监督管理工作流于形式，因此，企业始终面临着高税务风险。原因在于企业没有针对增值税税务风险管理制定有效的考核制度，无法引起税务工作人员对风险防控的高度重视，也就难以充分调动税务工作人员的积极性。

三、企业增值税管理中的风险防范措施

（一）不断完善企业增值税风险防范工作的内部环境

要想有效防范增值税风险，就需要在企业内部营造一个良好的风险防范环境。具体来说，企业需要从以下几个方面着手：首先，企业管理层要不断提高自身税务风险意识，设立独立的税务岗位，将税务风险管理岗位与财务岗位区分开来，划定清晰的界限，由专职人员负责税务风险管控；其次，重视人员业务能力的培养与提升，打造一支专业的税务风险防范队伍，为增值税税务管理与风险防范打好基础；最后，企业要根据自身特点，建立一套行之有效的税务风险管理考核机制，在不同部门之间形成联动管理，将增值税税务风险管理贯穿企业经营管理全过程，在企业内部营造一个良好的税务风险管理环境。

（二）打造完备的增值税风险评价体系

税务风险管理工作的有效开展离不开完善的风险管理评估体系，通过风险管理评估体系的有效运行，管理层能够全方位把控企业运行过程中可能出现的税务风险，以便根据存在的问题有针对性地采取相关措施进行解决。首先，企业需要注意收集经营管理过程中与税收政策、市场变化、企业自身相关的各种信息数据，有效识别其中可能存在风险的因素，并深入分析，做出准确评估，逐步有针对性地予以处理化解；其次，企业要根据税务机关现有的纳税评价指标，结合自身实际，建立能够落地实施的税务风险预警、评估、自查体系。同时，应实行重大事项集中讨论制度，以促进税务风险防控评估预警机制的落地实施，确保能够及时发现企业运行过程中存在的不安全因素，及时排查风险；最后，由于税务风险的产生与多

方面因素有关，任何因素的变化都可能会引起税务风险，所以，增值税风险评估体系的构建也要根据实际情况的变化及时调整，不断更新各种风险评估指标，确保在任何情况下风险评估体系都能生效。

（三）打造完善的税务风险信息系统

税务机关在对企业进行税务稽核时也会对财务等多方面的信息进行收集，因此，企业要注意搭建税务风险信息系统，多渠道收集整理经营管理中出现的各种数据，加强税务风险管理部门与企业内部其他部门之间的沟通联系，实现部门联动。营改增后，很多产品都属于免征增值税产品，并且没有达到起征点的销售额也可以免征增值税，虽然只有国务院可以制定增值税专项优惠政策，但是各省也有权根据自身实际情况划定起征点。与此同时，税务主管部门规定了新的减免项目，各地为实现地方经济发展，制定了很多税收优惠政策。这些信息都需要企业及时收集整理，构建税务档案数据库，并做好信息加工，建立完善的信息传导机制，规范税务信息的传递处理，为后期税务工作中查询提取税务信息提供更多便利。

（四）构建税务风险监督反馈机制

首先，企业要想让税务风险管理与预防工作取得应有的效果，就要建立严格的税务风险监督反馈机制，进一步完善税务风险监督流程，加强税务管理审计职能，严格核查企业开展的各项税务管理工作，确保在合法合规的前提下最大限度地获得税收优惠，规避可能存在的税务风险，及时查漏补缺，切实提升企业增值税税务风险防控能力；其次，除依靠自身监督外，企业还应借助外部审计力量做好自身的税务审计工作，如邀请专业的税务风险防控机构参与税务管理，通过内外审计人员齐心合力，确保将税务风险降到最低的同时获得更好的税务风险预防效果；最后，税务风险防控是一个动态的管控过程，需要企业定期对防控结果予以评价，根据实际情况调整风险等级，并做好数据整理归档，为后续精准税务风险防控提供更多的信息依据。

（五）夯实增值税管理基础

增值税管理既基础又复杂，关系到企业税务工作的好坏，需要企业充分重视增值税管理工作的开展。具体来说，企业可以从以下五个方面着手：第一，要善于借助现有的信息化技术开展资料管理，统一管理各种合同、发票等资料，从而使相关人员能够及时查阅，更精准地提出解决方法；第二，要严格按照流程办事，不虚开发票，并及时对增值税专用发票进行抵扣认证与登记；第三，要在税务申报前认真核对账目数据，避免出现数据错误；第四，要对每一项增值税事项做好资料归档留存；第五，要建立企业税务事项清单，逐一厘清企业涉及的各种税务内容，避免出现遗漏。

（六）打造增值税税务管理高素质队伍

企业增值税改革中涉及的各种财税政策不仅内容非常多，而且内容变化速度也非常快，要想获得更好的增值税税务管理效果，就需要加强税务工作人员业务培训，打造一支专业的税务人才队伍。一方面，在培训过程中，企业要组织工作人员学习最新的税务知识，同时注重实践操练，让其能够在工作中发现问题，并具备解决问题的能力。另一方面，税务管理具有很强的系统性，每个环节都可能存在税务风险，因此，业务培训除针对税务工作人员外，还要面向企业各部门关键岗位的人员，并且培训内容应更侧重于纳税理念与税法知识，通过提升关键岗位人员的综合素质降低业务办理过程中可能存在的风险系数。

第三节 企业所得税税收风险管理

一、企业所得税概述

（一）概念

企业所得税是指对中华人民共和国境内的企业和其他取得收入的组织以其生产经营所得和其他所得为课税对象所征收的一种所得税。

企业所得税调节的是国家与企业之间的利润分配关系，这种分配关系是我国经济分配制度中最重要的一个方面，是处理其他分配关系的前提和基础。

企业所得税是我国第二大主体税种，在组织国家税收收入方面发挥着非常重要的作用。随着我国国民经济的快速发展和企业经济效益的不断提高，企业所得税作为税收收入的主体税种之一，收入也取得了较快的增长。在为国家组织财政收入的同时，企业所得税作为国家宏观调控的一种重要手段，也促进了我国产业结构的调整和经济的稳步发展。

（二）企业所得税的特点

企业所得税是以企业的生产经营所得及其他所得为征税对象的，与其他税种相比，具有以下几个显著特点。

1．征税范围广。在中华人民共和国境内，企业和其他取得收入的组织都是企业所得税的纳税人，都要依照税法的规定缴纳企业所得税。企业所得税的征税对象包括生产经营所得和其他所得。因此，企业所得税具有纳税人及征税对象的广泛性。

2．税负相对公平。企业所得税对所有纳税人，不分所有制，不分地区、行业和层次，实行统一的比例税率。在广泛征收的基础上，能使各类纳税人税负较为公平。企业所得税是对纳税人取得的所得征收的一种税，“所得多的多征，所得少的少征，无所得的不征”，企业所得税的负担水平与纳税人所得多少直接关联。因此，企业所得税能够较好体现公平税负。

3．纳税人与负税人一致。企业所得税属于直接税，纳税人缴纳的所得税一般不易转嫁，通常由纳税人自己负担。

二、企业所得税风险管理中存在的问题

（一）税源分级分类基础作用尚不明显

从目前的情况看，在企业所得税税源管理上，分级分类仍不够细化，给风险管理的各环节带来困难。例如，在数据采集环节，大户小户的申报质量差距较大，一些小户的不真实数据被数据采集，出现低风险数据识别成高风险数据以及识别风险数量远远超过实际风险数量的情况，使低等级风险大量侵占数据采集、风险识别及风险应对等各环节的资源，扰乱了征管资源配置，导致风险管理的效率降低。

（二）信息化支撑不够

风险识别的准确与否必须建立在充足且高质量的数据信息基础上，从目前的信息利用来看，对企业所得税风险管理的信息化支撑明显不够：一是信息化程度不够，未将风险管理相关的重要信息采集到信息系统；二是对已采集到信息系统的数据信息开发利用不够，信息系统中信息模块分散；三是由于征管基础数据的录入、修改等环节较开放，数据的真实性、准确性难以得到保证；四是信息不对称的现象依旧存在，与第三方获取信息的渠道有限，如果纳税人不主动申报，容易造成税款的流失；五是信息系统中数据逻辑缺乏管理，在系统开发时忽视信息数据的整合使用，无法将数据进行二次归集，导致无法跟踪管理。

（三）风险特征指标还须进一步完善

首先，部分项目风险特征指标的指导性不强。由于企业所得税税基涉

及的环节众多，信息量较大，很多风险点无法数据化、公式化，无法真正将风险进行量化；其次，基础风险特征指标覆盖广度不够。目前，仅在税收优惠、不征税收入、弥补亏损、业务招待费等方面建立了相关风险识别指标，一些重点行业、重大事项的风险特征指标尚未建立，风险特征指标数量离实际需求有较大差距；最后，基础风险特征指标的深度不够。从现有的风险识别来看，指标设置简单、识别风险等级较单一。

（四）风险管理的人员的能力素质亟待提高

企业所得税政策密集、变化频繁，与企业财务核算联系紧密，这些特点要求企业所得税人才应是具备一定会计、法律、税收知识的复合型人才。但从目前地方税务局市、区、税务所三个管理层级的职责分工来看，税务所是直接从事风险应对工作的主体，人员的专业化素质无法满足风险管理要求，增加了基层执法风险。在市、区两级培训层面，培养人才仍然缺乏专能性和针对性，激励机制不够健全，对所得税人才的团队管理、专业化分工培养还须加强，干部的基础素质还待进一步提高。

（五）风险管理工作部门协调不顺畅

按照风险管理的要求，分为数据采集、风险分析识别、等级排序、风险应对处理和绩效评价等环节，不同环节需不同的部门参与与实施，因此企业所得税风险管理工作是一个部门协同配合共同完成的一项工作。在实际工作中，一方面在各部门配合开展工作，多采取一事一议的工作方法，尚没有制定部门相互配合的工作制度，工作整体推进存在很大的不确定性；另一方面，由于各部门的职责不同，目标考核存在差异，与整体的风险管理工作目标亦存在差异，导致风险管理工作无法顺畅开展，一定程度影响了风险管理效率与工作成效。

（六）风险管理的范围还须进一步扩大

受限于获取信息化支撑不足、风险指标不足、风险应对质量等影响，风险管理的覆盖范围比较窄，目前主要集中在税收优惠、资产损失及跨年度事项等方面，在一些高风险、低遵从度的重点行业、重大事项还未推进风险管理。

三、企业所得税风险管理的国际借鉴

（一）欧美国家企业所得税风险管理的主要做法

欧美等经合组织（OECD）国家在实施税收风险管理方面主要采取如下措施：一是强化税源的分类管理。美国联邦税务局将纳税人划分为大企业、小企业或个体户、免税单位和政府等类别，相应地内设七个税收业务部门进行管理。其中被划入大企业管理范围的纳税人有四类：第一类是年终资产达到或超过1 000万美元的商业、实体（公司和合伙企业）及其子公司；第二类是所有与大型企业有关联的国内企业和国外企业（无论是否并入该大型企业）；第三类是为另一家大型企业所控制或经营收入超过3 500万美元的“过手”报税户；第四类是拥有巨额财富的个人及其全球企业（10亿美元以上资产的个人）。二是不断优化纳税服务。荷兰税务与海关管理局在国内围绕提高纳税遵从度，积极帮助纳税人了解和履行纳税义务，充分了解纳税人状况和识别其遵从风险，根据遵从风险等级确定对纳税人的检查频率。三是加强涉税信息管理。美国联邦税务局通过普遍推行纳税人登记编码制度，税务代码与社会保障号码一致。四是制定科学的风险管理策略。美国联邦税务局采取行业问题遵从管理策略，通过技术与经验相结合，识别遵从问题，并根据这些问题在整个行业的普遍程度和其蕴含的遵从风险对问题进行排序，然后将税收征管资源集中在风险最大的领域。

（二）欧美国家企业所得税风险管理对我们工作的借鉴和启示

首先，建立税源的分级分类管理机制。将税源分为“大中小”三种类型，以“管细大税源、管深中税源、管住小税源”为目标，对不同类型税源实施有效的专业化管理。其次，不断提升纳税服务水平。以便民办税春风行动为契机，不断优化纳税服务，提升服务水平，提高纳税人的税法遵从度。再次，加强部门协作和第三方数据比对，提高信息应用水平。在逐步实现国地税之间，税务部门与银行、海关、边防、工商、公安等部门之间信息共享的基础上，从立法层面推动第三方信息报告制度。最后，完善风险监测管理机制。通过对各项涉税数据的采集、加工、比对、测算，不断建立和完善风险指标体系和监测模型，自动识别和评估纳税遵从风险发生的概率及风险程度，对税收流失能够及时进行科学的量化和预警。

四、推进企业所得税风险管理的对策建议

（一）细化分级分类办法，提高风险管理效率

需要进一步确定分类分级标准，明确如何开展分类分级管理。分类即以什么标准确定企业类型（大企业、中小企业、社团），分级即如何确定企业税务风险的高低（高、较高、中、较低）及对应的管理层级。建议分类的标准可以考虑“规模+行业”，分级标准可以考虑“申报数据质量+风险指标”。设定大企业标准可以按营业额、资产规模、注册资本、应纳税额、特定行业、上市公司诸因素确定。分级标准可以按照财务信息质量、申报数据完整真实程度、有无中介出具汇算清缴报告等，将企业划分为高、中、低若干信息质量层级，再通过风险管理指标进行评估，进行实行分级管理。[①]建立风险管理为导向的分类分级办法，把有限的征管资源优先配置到最需要的领域，提高税收的征管效率和纳税人的税法遵从度。

（二）加强风险管理信息系统建设，发挥信息化支撑作用

在丰富数据方面进一步完善信息系统体系建设，按照风险管理项目的特点、梳理数据需求，重点梳理依靠目前系统无法获取的数据，在全面梳理的基础上，缺什么补什么，开发相应的信息系统，丰富信息系统采集渠道。充分拓展第三方信息的获取渠道，与各行业主管部门建立信息交换机制。在数据整合方面：重点建立以风险管理项目为对象的信息化支撑体系，

①陈媛．企业所得税汇算清缴的风险及对策探讨[J]．纳税，2020，14（5）：1-2.

明确台账为风险管理的重要载体，不断完善各风险管理项目台账，并在各台账中对企业申报、税务登记、企业备案等数据进行二次归集，生成直观的包括微观项目以及风险指标分析等模块的风险管理平台，供风险管理部门使用。

（三）完善风险指标特征体系，提高风险识别能力

首先，完善风险管理各项目的指标体系，优化风险特征库。从行业分析、政策分析、管理分析、案例分析、经验分析等多个层面把握风险发生规律，寻找风险源头，总结风险特征，提炼风险指标，完善反映税源客观状况的风险特征指标体系。对于难以公式化、数据化的事项，特别是对于高风险政策和事项，可以考虑针对关键因素涉及风险指标，再辅以相应的文字工作底稿。其次，坚持人机结合。对属于重大事项和重点行业的特殊风险，坚持人机结合，发挥团队管理优势，依托专家团队实施专业化风险识别，提高风险识别的准确度。最后，多层次发挥风险识别。积极对各级税务干部灌输风险管理理念，鼓励基层干部自发寻找和发现日常管理的风险点，积累提炼风险管理案例，通过工作实践不断丰富风险识别方法，提高风险识别能力。

（四）加强部门协作机制建设，加强部门协作配合

首先，充分研究企业所得税风险管理工作流程，明确数据、税种、征管、稽查、评估各部门的工作职责，确定不同部门间工作移交方法及信息交换渠道。其次，进一步建立企业所得税风险管理协调机制，以多种形式，畅通与各部门之间的沟通渠道。再次，进一步提高风险识别及风险排序水平，在与各风险应对部门充分沟通的基础上，考虑各部门实际情况，合理分配风险应对工作抵押。最后，提高企业所得税风险管理层次，吸引领导重视，纳入全局性工作安排。

（五）完善人才培养机制，深入推进风险管理专业队伍建设

首先，建立政策及时培训制度。对于新下发的税收政策，在市区两级

层面及时开展政策培训，通过“读原文、划重点、看变化、讲操作”四个方面强化学习。其次，完善教育培训机制，组织深层次的专门培训，有针对性地培训税务人员，使培训方式由大而全转变为小而精。依托专业院校的教育资源优势，集中培训塑造所得税管理的专家式人才。最后，积极探索建立所得税专业人才管理团队，扩大专家团队选材范围，不限于税种管理部门，扩充专业化人才数量。加强专业化人才退出管理，防止出现人员因岗位调动脱离专家团队队伍，保持专家团队队伍的长期稳定。

（六）逐步增加风险管理对象，扩大风险管理范围

目前，大多数地方税务局的风险管理仍处于起步阶段，因此应采取由易到难，逐步推行的工作方法，从困难较少又具有普遍性的风险管理项目入手，总结风险管理流程及经验，再将成功经验扩大范围。只要加强与部门间的合作，获取到足够的信息，即可先行尝试开展重大事项的风险管理。在试点中，逐步摸索建立项目管理制度、风险指标特征库及专家审核队伍，梳理风险管理的各项职责及工作流程。

第四节　个人所得税税收风险管理

一、个人所得税风险管理概述

税收风险是指税务机关或税务人员未依照或未完全依照法律、法规和行政规章的要求，在税收执法或履行职责中给国家或纳税人造成的损失所应承担的责任。而税收风险管理，是税务机关运用风险管理理论和方法，在全面分析纳税人税法遵从状况的基础上，针对纳税人不同类型不同等级的税收风险，合理配置税收管理资源，通过风险提醒、纳税评估、税务审计、反避税调查、税务稽查等风险应对手段，防控税收风险，提高纳税人的税法遵从度，提升税务机关管理水平的税收管理活动。税收风险管理是

现代税收管理的重要内容之一，是现代税收征管发展的趋势，也是一种新的税收管理模式。

个人所得税风险管理是通过建立个人所得税风险点特征库和风险识别模型，对两处以上获得工资薪金所得、股息红利所得、劳务报酬所得、非货币性资产投资、股权激励和个人股权转让所得等风险点实行精准识别，根据风险预警和风险应对，督促纳税人及时足额缴纳税款，并引入惩戒机制，对不配合地税机关及时消除税收风险的，或因不交、少交个人所得税而受到行政处罚的纳税人，列入失信纳税人名单，通过事中事后监管警示系统，对其进行惩戒，对其在银行贷款、投融资、注册新公司、工程招投标等方面予以限制，遏制其偷税漏税。

二、当前个人所得税风险管理现状分析

（一）风险识别中识别评价模型不够成熟，信息获取和处理机制不健全

由于自然人所属行业、地区和单位不同，个人所得税风险点识别不统一，各个地方税务机关只能根据自己的税收经验来判断风险点；风险评价模型中的风险特征指标难以系统归纳和提炼，风险模型缺乏质量。当前只能成为辅助手段，风险评价主要还是要依靠基层局的案头分析和人工筛查，评估的方法、手段还不够完善，风险评价效率较低。

（二）基础数据的准确性和完整性有所欠缺，影响风险管理效率

由于部分单位财务核算不规范、账面信息真实度低，一些对风险管理至关重要的收入、现金流的数据无法取得，税务机关与信息第三方之间的数据交换渠道不畅，没有真正意义上实现实时共享，且各地实现程度也不尽相同，有的仅能实现小范围的数据传递。加之各地征管信息化水平参差不齐，数据的采集和传递口径以及数据加工处理水平也有所不同，这就影响了税务机关有效利用数据的能力。

（三）风险应对水平不够

风险应对工作需要具备丰富的税收法规、财务会计、计算机操作等方面知识和有一定的税收实践经验的人员，而目前从事风险应对工作的人员大多缺乏系统培训，缺少针对纳税提醒、纳税评估、税务检查等应对手段的专业化指导。鉴于税务机关资源配置的有限性，仅仅罗列重点监控对象是远远不够的。没有形成具有指导性、操作性、规范性、标准化的全流程应对规则，容易将风险应对与税务稽查的概念混淆，很大程度上影响了风险管理质量。

（四）风险管理人员配置力量不足，应对人员缺乏专业指导

个人所得税风险管理由税政部门负责，风险管理的计划、分析、推送、应对报告审核和报表报送主要由所得税专干一人负责，有些专干还兼顾其他工作，工作量大，对风险管理缺乏深入思考和分析的时间，应用第三方数据开展风险预警实践的时间少之又少，使得风险管理在提高税收遵从度和征管效率方面的作用体现不足。

三、个人所得税风险管理建议

规范流程，明确税收风险管理的主要内容，可以从风险数据采集、风险信息管理、风险识别管理、风险评估、风险应对管理和风险管理绩效评价等几个方面来规范个人所得税风险管理。

（一）风险数据采集

税源管理部门户籍管理岗位负责采集纳税人纳税申报、生产经营、税务管理和第三方信息，建立并维护好纳税人“一户式”征管基础档案，形成“通用基本参数、生产经营参数、行业个性参数、可比指标参数”四个参数板块，与企业报送数据对比来准确发现企业在某个环节的异常。

按照统一的数据口径标准，合理采集纳税人信息，拓展第三方涉税信息来源，形成风险管理数据仓库。做好入库数据的筛选、量化、归集以及

加工、分析、共享、传递、交换等工作，落实数据分析责任制。要加强基础信息质量管理，把好数据入口关。

在日常税收户籍信息管理过程中做好申报信息的合理性、有效性的基础管理。对新入库数据，注重疑点数据清理力度，对新采集的基础数据进行完整性、合理性、有效性的初步分析和税收风险管理工作情况报告完善，做好日常一般性疑点数据的核实和修正工作。

（二）风险信息管理

逐步开发、完善、应用风险管理信息系统，建立数据综合分析利用平台，以专业化团队实施数据应用管理。

1．建立和完善风险特征指标体系

科学设置风险特征指标体系是风险管理的核心和关键。逐步建立和完善以通用指标为主体、个性化指标为补充、以风险特征事项和风险特征指标为主要内容的风险特征指标体系。根据税源管理的变化和申报等信息的延伸，不断完善风险特征指标体系，能较为全面准确地防范和查找税收风险。

2．建立和完善风险特征库

以税种、纳税人类型、征收方式等为分类依据，建立和完善科学合理的、具有明显分类特征的风险特征库。以专项性风险特征指标体系为基础，实行分类管理，研究、开发风险分析数据模型、工具。积极探索税收风险防控管理、行业专业化管理、个体税收风险管理，逐步建立分析模型。

3．建立数据综合分析利用平台

建立以全局性、税源管理部门区域性、部门专业性的数据综合分析利用平台，以专业化数据风险分析为手段，结合税收预警评估体系，形成相互监督、相互制约的风险防范体系。通过对风险特征指标体系合理设置指标选取、指标参数、指标计分、指标权重、模型计分、风险等级和风险诊断书，为风险管理的有效实施奠定基础。

4．优化所得税纳税申报监控系统

建议优化所得税纳税申报监控系统，实现财务与申报数据实时对比，税收相关数据自动校验，重要政策执行及时监管，涉税备案资料同步监控。采取“典型调查定制行业模板、以行业管理带动全面管理”的方式，选取典型企业进行调查分析和解剖，摸清所属行业的经营特点、管理流程、风险疑点和表现形式，建立数据分析模型、制定纳税评估模板、发起专项行业风险应对。

（三）风险识别管理

风险识别即根据组织目标、战略规划等方式识别所面临的风险。无论是哪一种叫法，风险识别都是一个对风险进行确认的动态化的连续过程，并且是风险管理在实施阶段的首要步骤。综合分析探索自然纳税人不同规模、行业（产品）、税种等风险发生规律，应用数据综合分析利用平台，依托风险特征指标体系和风险特征，对风险数据信息进行扫描、分析和筛选，确定个人所得税风险点。

1．个人所得税税收申报中的风险点

根据《个人所得税全员全额扣缴申报管理暂行办法》规定，个人所得税申报普遍存在的五大风险点：①申报不全。有的会将本位成员列入扣缴申报，却忘了将支付其他应税收入的人员列入；有的会将支付数额达到纳税标准的列入扣缴申报，却忘了将未达到纳税标准的列入；②申报不真。有的只申报工资和奖金部分，津贴补贴等就容易遗漏，有的扣缴义务人可能只申报现金部分，而忽略实物和有价证券部分；③申报不细。有时个人及基础信息发生变化时，还应及时报送变更信息。对非雇员，股东、投资者，在中国境内无住所的个人，还应加报有关信息；④申报不及时。纳税人每月所扣的税款，应当在次月 7 日内缴入国库，并向税务机关报送纳税申报表。许多单位不能及时办理申报；⑤未设置专门账簿。即使是一些已经扣缴申报的单位，习惯于把所有账簿交给税务人员查阅，没有建立个税代扣代缴备查簿的现象存在。

2. 税收执法活动中的风险点

对地税工作人员在税务登记、税款征收、税收管理、税务稽查、税收处罚、行政复议、行政诉讼、行政赔偿等执法活动中存在的各种执法风险信息进行了识别，还可以根据发生概率、危害程度、形成原因等方面进行评估，划分高、中、低三级风险点。

3. 税收执法部门及人员风险点

按照加强两权制约和监督的要求，实施税收廉政风险防范。可以设置税收执法部门及人员风险点：①根据税收工作中可能引发不廉洁行为甚至违纪违法问题的执法人员风险可以分为四类，即思想道德风险、规章制度风险、岗位职责风险、工作流程风险，进行重点防范；②针对关键环节、重点部门和重点岗位，特别是具有干部人事权、行政执法权、行政审批权、财务管理权的部门，结合税务机关岗位设置、职务安排定位等情况，并着眼于领导岗位、中层岗位和一般岗位三个层次，可以分别设置思想道德风险点，岗位职责风险点，工作流程风险点和规章制度风险点。

（四）风险评估

风险评估和排序的核心是建立一个合理的风险评估框架，使遵从风险可以反复进行可比性评估。评估和排序的主要任务是将前一个风险管理阶段中识别出来的风险进行定性化或定量化，以将主要风险与次要风险分类，这就需要利用数据和相关信息评估风险的来源和潜在后果，并判断其发生的可能性。

1. 风险排序管理

根据风险识别成果，按照一定的规则进行估值计算，综合考虑征管资源，评定纳税人风险等级，并出具风险诊断书。建立税收风险应对机制，根据不同的风险等级，拟订风险提示、纳税评估、税务稽查等不同的应对任务方案。

2. 确定风险等级

在获取了充分、准确、及时的数据以后，税务机关通常需要采用唯一的纳税人识别号（如纳税人的社会保障号）对已有数据进行关联。并把纳税人申报数据和税务机关掌握的其他数据（如纳税人的历史数据、第三方信息等）进行比对。税务机关普遍采用神经网络和回归树程序实现数据挖掘，从中发现纳税人的行为特征，确定纳税人的风险等级。

（五）风险应对管理

根据风险评估结果，选择应对措施，风险应对措施包括风险规避、风险降低、风险转移和风险留存。严格风险应对程序，逐级开展风险应对，按照征管法及其实施细则，以及各级规范性文件要求，在规定时间内规范实施应对任务。

1．切实做好风险应对前期准备工作

对相关数据进行整理加工并开展风险分析，整理出需要注意的事项和应对侧重点，对可能存在的问题及时审核。

2．按规定要求开展风险应对工作

严格按照《税收风险应对工作规程》，制订应对方案：低风险纳税人推送给各基层税源管理部门实施纳税服务提醒应对，并同时做好各基层单位风险应对有关制度、规定、流程、办法等相关业务的指导工作，明确各基层完成工作的时间要求和需要报送的相关资料。

3．风险管理人员素质优化

税务机关可按风险管理的环节设置专门的部门，配备足够开展数据分析、风险识别推送、应对审核和复查的专职岗位人员，为风险管理的顺利实施提供机构和制度保障。由专职的风险管理人员负责风险管理组织的运行。同时还应加强对风险管理团队的培训和指导，及时更新税收业务、财务会计以及相关法律法规知识。

（六）风险管理绩效评价

各风险管理责任部门应根据各自工作职责切实做好过程督促和评价工作。

1．结果反馈

风险应对任务规定办结时间截止后，各实施部门进行汇总、统计、分析，客观反映风险应对情况，逐级上报给上一级部门。重点税源应对任务，由归口部门按相关文件要求将结果反馈给上级相应单位；重点税源和一般税源风险应对任务结果逐级反馈至风险任务发起部门；风险任务发起部门将汇总结果反馈至风险管理部门。

2．评估分析

各实施部门在结果反馈中应注重对风险管理情况的总体评估分析，以促进风险管理的不断完善。对风险管理情况的评定标准包括：选案准确情况，考量实施的税务稽查和纳税评估应对任务的准确性等；风险应对情况，包括风险诊断书疑点排除情况、风险应对任务实施及时性、案卷信息完整性、风险应对任务执法规范性、风险管理对象投诉情况、风险应对成果等。

3．风险特征指标体系修正

根据风险管理情况，及时完善指标体系和参数设置，提高风险识别针对性。各风险管理责任部门对风险应对情况进行分类别汇总分析，提炼共性涉税问题，提出解决方案，完善管理措施，指导征管实践，强化后续征管。

第五章 企业内部审计基础知识

第一节 内部审计概述

一、内部审计的概念

内部审计是一种独立、客观的确认与咨询活动，旨在增加价值和改善组织的运营。它通过应用系统的、规范的方法，评价并改善风险管理、控制和治理过程的效果，帮助组织实现其目标。内部审计定义的持续修改与完善伴随着职能的突破与发展，反映了在不同发展阶段，从不同角度对内部审计属性和功能的认识，彰显了内部审计的不断发展进步。作为国际性的内部审计职业组织，国际内部审计师协会将定义作为强制性指南之一，要求组织必须在其内部审计章程中对内部审计定义予以确认。因此，该定义被公认为最具权威性的内部审计定义。

2003年，中国内部审计师协会发布的《内部审计准则》将内部审计定义为："内部审计是指组织内部的一种独立客观的监督和评价活动，它通过审查和评价经营活动及内部控制的适当性、合法性和有效性来促进组织目标的实现。"这一定义与国际内部审计师协会的最新定义相比，可以显示出我国内部审计的职能突出强调的是监督和评价，而忽视了其他职能，属于监督型内部审计，尚不完善。2013年，中国内部审计协会对内部审计定义进行了修订，力求反映国际、国内内部审计实务的最新变化，与国际内部审计师协会对内部审计的定义基本接轨，其发布的《第1101号——内部审计基本准则》中将内部审计定义为：内部审计是一种独立、客观的确认和咨询活动，它通过运用系统、规范的方法，审查和评价组织的业务活动、内部控制和风险管理的适当性和有效性，以促进组织完善治理、增加价值和实现目标。

中国内部审计协会对内部审计的最新定义立足于我国内部审计发展的实际，借鉴国际通行的内部审计理念，反映了国内外内部审计界对内部审计基本问题的趋同认识，即实施内部审计的目的是促进组织完善治理、增加价值，帮助组织实现目标服务；内部审计必须保持独立性和客观性；内部审计是一种确认和咨询活动；内部审计要采用系统和规范的方法；内部审计的主要任务是对组织的业务活动、内部控制和风险管理进行评估和改善。中国内部审计协会的定义阐明了内部审计的基本宗旨，涵盖了内部审计的目标、职能、业务范围、程序，以及客观性和独立性等内部审计的基本理论和概念，反映了现代内部审计的最新发展和变化。

二、内部审计的产生与发展

内部审计历史悠久，经过了长期的发展形成了较为成熟的体系。但其过程缓慢而艰难，到近代才真正开始全面深入发展。内部审计自产生至今，从时间和特点来说，大致可以分为古代内部审计和近代内部审计两个阶段。现如今，内部审计已成为现代审计体系中的一个重要组成部分，其职能也从最初的保护组织资产、查错防弊转向以管理为方向、经营审计和管理审计占主导地位，在加强企业内部控制、提高企业经营管理水平和经济效益等方面发挥着重要作用。鉴于此，内部审计逐渐受到企业治理层和管理层的高度重视，尤其对于大型集团企业来说，内部审计更成为其进行监管控制、提高经济效益的重要手段。

我国内部审计真正开始迅速发展是在改革开放以后，直至1983年成立审计署，国务院批准执行审计署《关于开展审计工作几个问题的请示》，首次提出建立内部审计监督制度的问题，才标志着我国现代内部审计正式启动。此后，我国内部审计迅速发展，逐渐向着规范化、法治化的目标前进，加入国际内部审计师协会更是让我国的内部审计开始与国际接轨。对比西方而言，我国内部审计起步较晚，根据其发展历程可分为起步、发展、振兴三个阶段。

（一）起步阶段

西方国家的内部审计因组织的需求和受托责任的要求而产生，具有内生性特点。我国的内部审计首先缘起国有企业，在国家审计的推动下产生并随着组织内外环境的变化而发展，体现了外生力量推动的特点。1983年，国务院转发执行审计署的指示精神，对建立部门、单位内部审计问题指出："对下属单位可根据工作需要，建立内部审计机构或配备审计人员，实行内部审计监督。在审计业务上，要受同级审计机关的指导。"同年9月，中国石化总公司率先成立了审计部，开展了内部审计监督活动。此后，在审计署的组织、推动和指导下，许多部门、单位根据国家的要求，相继成立了内部审计机构。

1985年8月，国务院颁布了《国务院关于审计工作的暂行规定》，初步确立了内部审计价值的外向定位，要求政府部门和大中型企业事业组织建立内部审计监督制度，根据审计业务需要，分别设立审计机构或审计人员，在本部门主要负责人的领导下，负责所属单位和本行业的财务收支及其经济效益的审计。审计业务受同级或上一级国家审计机关的指导，向本部门和同级或上一级国家审计机关报告工作，即向企业以外的国家审计机关报告工作。这一规定将内部审计的管辖权下放给了审计署。同年12月，审计署首次颁布了《审计署关于内部审计工作的若干规定》，具体规定了内部审计的机构、任务、职权以及其他有关事项。1987年4月，中国内部审计学会成立，并于同年加入了国际内部审计师协会。1988年11月，国务院发布了《中华人民共和国审计条例》，对内部审计的机构设置、职责、工作范围和领导关系做出了进一步明确规定。内部审计开始在国家各级行政机关、大中型企业事业单位全面展开，并成为我国审计监督制度的重要组成部分。

1994年，第一部《中华人民共和国审计法》颁布，明确规定国务院各部门和地方人民政府各部门、国有的金融机构和企业事业组织，应当按照国家有关规定建立健全内部审计制度。各部门、国有的金融机构和企业事业组织的内部审计，应当接受审计机关的业务指导和监督。在《中华人民共和国审计法》的推动下，交通运输部等国务院组成部门，以及广东等地方人民政府先后发布了内部审计规章，推动了本部门、本单位和本地区内部审计工作的进一步发展。这一时期主要通过行政立法确定了内部审计的基本制度，促使我国内部审计走上了依法审计的轨道。

这个阶段是我国现代内部审计的起步阶段，内部审计业务主要针对财务收支及其有关经济活动开展，其主要职责是监督控制，通过对单位的财务状况和经营成果进行稽核审计，评价内部控制的效果，履行监督职能，维护单位的合法经济效益的同时维护国家经济利益。这一阶段内部审计也开展经济效益审计，但目的是防止国有资产流失而非促进企业管理。

（二）发展阶段

20世纪90年代以后，随着我国市场经济体制改革进程的加快，内部审计得到了较快发展。为了适应环境的变化，我国内部审计开始由消极防弊向积极兴利发展过渡。

1995年7月，审计署颁布了《关于内部审计工作的规定》，对于内部审计做了全面而具体的规定，涉及内部审计定义、内部审计机构设置、职业道德及审计程序等内容。其中有一条“非国有经济组织展开内部审计工作，可参照本规定的有关条款执行”，这一规定意义重大，说明当时非国有经济组织也开始重视内部审计，内部审计不再仅仅作为国家审计的辅助力量，而是成为真正意义上的内部审计了，即对单位内部的活动进行监管并提出建议。1999年10月，全国人民代表大会常务委员会颁布了修订后的《中华人民共和国会计法》，规定对会计资料定期进行内部审计的办法和程序应当明确，细化的内部审计办法和程序让企业有章可循，增强了单位内部审计的可操作性和规范程度。这一时期，内部审计机构除开展一般的财务收支审计外，继续深化经济效益审计、加强经济责任审计、探索内部控制审计等内容，还将计算机辅助审计等技术方法应用到了审计实务中。

2002年5月，中国内部审计学会正式更名为中国内部审计协会，成为对各种组织的内部审计机构进行行业自律管理的全国性社会团体组织。内部审计协会的成立标志着我国内部审计开始实行国际通行的行业自律管理，这是我国内部审计走向职业化的开端。这一阶段的内部审计已由财务审计逐步扩展为包括财务事项和非财务事项在内的业务审计。内部审计虽然还是国家审计的从属，但其从属关系逐渐变淡。

（三）振兴阶段

2003年3月，审计署发布了修订后的《审计署关于内部审计工作的规定》，要求“国家机关、金融机构、企业事业组织、社会团体以及其他单位，应当按照国家规定建立健全内部审计制度。法律、行政法规规定设立内部审计机构的单位，必须设立独立的内部审计机构。法律、行政法规没有明确规定设立内部审计机构的单位，可以根据需要设立内部审计机构，配备内部审计人员”。修订后的规定与原来的规定相比，发生了本质的变化。首先，要求设置内部审计机构的领域扩展到了任何组织；其次，审计机关对内部审计的直接指导和监督转变成了内部审计协会进行间接的指导、监督和管理；最后，内部审计的职责拓宽到企业经营的各个方面，包括事前、事中、事后的全过程审计，其目标不再仅仅是积极兴利，而是促进加强经济管理和实现经济目标，增加企业价值。

2003—2005年，中国内部审计协会陆续颁布了中国内部审计基本准则、20项具体准则和两个内部审计实务指南，为我国内部审计事务的有效运行提供了一套完整、科学、权威的准则体系。准则的发布标志着我国内部审计准则体系的基本框架初步建立。2008年5月，财政部等五部委共同制定了《企业内部控制基本规范》，这一规范是中国内部审计发展的另一重要里程碑，2010年，《企业内部控制配套指引》相应发布。内部控制规范对我国内部审计的独立性和客观性产生了积极的影响。

接着，为了适应新的社会经济环境，中国内部审计协会对内部审计准则进行了全面系统的修订，包括对具体准则进行分类等修订工作，增强了准则体系的系统性和逻辑性，新修订的《中国内部审计准则》于2013年发布，2014年11月1日正式开始执行。2014年，审计署开始修订《内部审计工作规定》并面向全社会公开征求意见。《内部审计工作规定征求意见稿》从实际出发，考虑单位性质、实际审计需求、内部治理结构和经营规模等因素，对不同组织内部审计机构的设置做出了规定。2018年，《审计署关于内部审计工作的规定》的出台为新时代内部审计工作提供了坚强的制度保障，对于各部门（单位）建立完善内部审计制度、规范内部审计行为、增强审计监督效能、推动工作健康发展具有重要意义和作用。2020年1月，国资委发布了内部审计工作的指导性文件——《关于做好2020年中央企业内部审计工作有关事项的通知》（国资厅[2020]7号）（以下简称7号文）。7号文再次强调了国企和央企内部审计“独立”和“大审计”的监督职能，同时也对新时代进一步深化内部审计体系建设、优化内部审计工作、转化内部审计角色提出了新要求。这一阶段是我国内部审计全面振兴发展的新阶段，内部审计目标更加多元，法律法规体系也更加完善。

三、内部审计的特征与作用

内部审计经历了一个由浅入深、由简单到复杂、由初级到高级的发展历程，内部审计的职能也由最初的财务审计、经营审计发展到了管理审计，直至现在的风险导向审计，这种演进也体现在内部审计的定位和价值中。

（一）内部审计的特征

1．服务对象具有内向性

审计服务的对象由受托责任关系决定。国家审计是国家治理机制的组成部分，是代表国家或政府对国家的财政收支及有关经济活动的真实、合法、效益情况实施的审计，其服务对象是代表公共利益的国家或政府。社会审计是受财产所有者的委托，对受托管理财产的管理者履行受托责任情况实施的审计，其服务对象是财产所有者及审计对象外部的其他利益相关方。可见，国家审计和社会审计都是服务于审计对象以外的主体的，具有外向性。

而企业内部审计机构作为企业管理机构之一，根据企业的自身需要和目标而建立，在企业的董事会或者高级管理层的领导下工作，为本企业服务，是促进企业目标实现的机构。与政府审计、社会审计比较而言，现代企业内部审计只为组织内部服务，不接受来自组织之外的委托或代理。内部审计与组织董事会或最高管理层这种受托（委托）关系，决定了内部审计是在组织内部向组织董事会或最高管理层提供的一种服务，这种服务具有内向性的特征，是内部审计区别于国家审计和社会审计的基本特征。

2. 工作的相对独立性

内部审计同外部审计一样，都必须具有独立性，在审计过程中必须根据国家法律法规及有关财务会计制度，独立地检查、评价本部门、本单位及所属各部门、各单位的财务收支及与此相关的经营管理活动，维护国家利益。同时，由于内部审计机构是部门、单位内设的机构，内部审计人员是本单位的职工，内部审计的独立性就会受到很大的制约。特别是在国家利益与部门、单位利益冲突的情况下，内部审计机构的独立决策可能会受到本单位利益的限制。

3. 审计范围具有广泛性

现代企业内部审计涉及企业经济活动的所有领域，范围很广。与政府审计、社会审计比较，现代企业内部审计的种类更多，涉及的业务更广，包括财务收支、经营管理、内部控制、企业战略管理、人力资源管理、企业信息系统安全性等诸多方面。国家审计职责的法定性决定了国家审计必须按照法律法规规定的职责开展工作，审计业务范围受法律法规的限制。社会审计的业务范围也是由法律法规规定的，社会审计组织也不能超出法定业务范围承接审计业务。

内部审计的目的是促进和帮助组织治理层和管理层有效履行其受托责任以实现组织目标，而受托责任包括对组织内部的各个领域、各项活动都实施有效管理。[①]内部审计只有对组织内部各个领域的管理活动及有关的具体业务活动进行审计，才能够对这些领域履行受托责任的情况进行评价，进而肯定成绩、指出缺陷与潜在的风险，提出纠正或预防风险、激励与推动优良行为等方面的建议，促使相应的管理层有效地履行其受托管理责任。因此，在组织内部，内部审计的审计领域可以涵盖与组织经营管理相关的各个领域和环节。

4. 审计程序的相对简化性

国家审计和社会审计的审计程序是法定的、具有强制性的，一般由法律、法规、规章或审计准则做出明确规定，审计人员进行审计活动时必须按照法定程序执行。内部审计是企业内部的一种活动，是企业自身的行为，是为企业的董事会或最高管理层服务的，这一特点决定了国家一般不以法律、法规、规章的形式对其业务过程做出强制性的、统一的规定。当然，为规范内部审计行为，保障内部审计质量，提升内部审计的专业水平，内部审计职业组织也都通过发布内部审计准则的方式对内部审计过程和采用的方法进行规定，但这种规定不具有法律约束力，没有强制性，实质上是一种最佳实务的推介。各个企业的内部审计机构可以根据本企业的实际情况，遵循成本效益原则，参照职业组织颁布的内部审计准则对本组织的内部审计程序做出灵活的规定。

目前内部审计的程序主要包括规划、实施、终结和后续审计四个阶段。由于内部审计机构对本部门、本单位的情况比较熟悉，在具体实施审计过程中，各个阶段的工作都大为简化：一是规划阶段中的许多工作，往往可以结合日常工作进行，从而使规划工作量得以减少，时间也大为缩短，审计项目计划通常由内部审计机构根据上级部门和本部门、单位的具体情况拟订，并报本部门、单位领导批准后实施；二是内部审计的实施过程，针对性比较强，许多资料和调查都依赖内部审计人员的平时积累；三是内部

①刘为权．试论内部审计的治理功能及其发挥的途径[J]．审计与理财，2017（11）：35-38.

审计机构提出审计报告后，通常由所在部门和单位出具审计意见书或做出审计决定；四是被审计单位对审计意见书和审计决定如有异议，可以向内部审计机构所在部门、单位负责人提出。

5．审计实施具有及时性

现代企业时刻面对市场竞争，内部审计必须及时把有关的审计成果信息传输到有关权力机构或高级管理层，以便有效地作出决定。与政府审计、社会审计等外部审计的成果相比，内部审计的成果体现出的价值更取决于它的时效性。

内部审计机构本身是企业的一个专职部门，内部审计人员是企业的职工，因而可根据需要随时对企业的问题进行审查：一是可以根据需要，简化审计程序，及时开展审计；二是可以通过日常了解，及时发现管理中存在的问题或产生问题的苗头，并且可以迅速与有关职能部门沟通或向公司最高管理者反映，以便采取措施，纠正已经出现和可能出现的问题。一旦出现漏洞、弊端，内部审计机构可以及时组织力量进行审计，并将内部审计经常化、制度化。

6．与内部控制的紧密相关性

内部审计是内部控制的重要组成部分，内部控制又是内部审计的主要内容。通过对本部门、本单位的内部控制制度及经营管理情况的检查，总结经验，找出差距，为本部门、本单位改进经营管理、完善内部控制制度服务，是内部审计的基本职能，体现了内部审计“对内部控制进行审计”的特征。

（二）内部审计的职能

内部审计职能是指内部审计本身所固有的内在功能，并反映出内部审计的本质。内部审计职能随着审计目标的变化而变化，并为实现审计目标服务。内部审计职能的定位是由委托人的需求决定的，在内部审计的不同发展时期，内部审计职能有所不同。传统的内部审计以查错纠弊为目标，主要针对组织的财务收支及有关经济活动进行审查和评价，其基本职能是监督、检查、评价组织内部的经济活动，促进组织整体效益提高。随着时代的进步，现代企业制度的建立对内部审计提出了新的要求，内部审计的职能必须与其相适应才能发挥作用，因而客观情况要求内部审计进行职能的转换。社会经济环境和企业特征的变化导致内部审计职能从最初的查错防弊演变成现在的评价、建议、咨询。但发展至今，监督仍是内部审计的职能本质。

就现代内部审计而言，目前中国内部审计协会将内部审计的职能定位为确认与咨询，标志着内部审计的职能除了传统的监督、检查和评价外，还要在业务活动、内部控制和风险管理方面发挥建设性作用，通过履行确认和咨询职能，促进和帮助有关管理层有效履行其受托管理责任，以减少代理成本，改善管理绩效，增加组织价值。

1．确认职能

确认职能是内部审计较早显现出来的职能，表现为内部审计人员对管理层履行受托管理责任的过程或结果进行监督、检查并做出评价。在现阶段，确认的内容包括一个组织的业务活动、内部控制和风险管理。为保证确认职能的有效履行，内部审计要对全部或一部分业务活动、内部控制和风险管理情况进行定期或不定期的监督检查，包括检查各种记录经济活动的凭证、文件、报表资料，询证或直接与当事人及有关人员交谈，到有关业务活动现场进行实地调查，甚至要了解、核实组织外部的有关信息，取得必要的审计证据，以评价业务活动、内部控制和风险管理的合规性、合法性、适当性和有效性。

另外，确认是一种为了组织的风险管理、控制或治理过程进行独立评价而客观地审查证据的行为，包括对财务、绩效、合规性、系统安全和应尽责任的审查等。

2．咨询职能

咨询职能是现代内部审计的重要职能，是传统内部审计转变为现代内部审计的重要标志，它要求内部审计在履行确认职能的基础上，针对审计发现的问题分析原因，提出帮助组织改善管理、健全制度、提高经济效益的建议，从而协助委托人实现对管理层履行受托管理责任行为的有效约束和有效激励，直接促进和帮助其有效履行受托责任。为有效履行咨询职能，内部审计除了应促进和帮助组织管理层纠正错弊、防范风险之外，还可以通过培训、座谈交流等形式提供咨询建议，起到顾问服务作用。

另外，咨询是提供建议以及为相关的客户提供服务的活动，这种服务的性质与范围是与客户协商确定的，目的是在内部审计师不承担管理层职责的前提下，适当参与增加价值并改进组织的治理、风险管理以及控制过程，如顾问、建议、协调、培训等。其可能的类别包括正式的咨询服务、非正式的咨询服务、特别咨询服务、紧急咨询服务等。

（三）内部审计的作用

内部审计的作用是随着内部审计的内容、范围、职能的发展而逐渐扩大的。我国内部审计具有双重任务：一方面，要对部门、单位的经营活动进行监督，促使其合法合规；另一方面，要对部门、单位的领导负责，促进经营管理状况的改善和经济效益的提高。具体来说，内部审计的作用主要包括以下几个方面。

1．监督各项制度、计划的贯彻情况，为组织经营决策提供依据

现代内部审计已经从一般的查错防弊，发展到了对内部控制和经营管理情况的审计，涉及生产、经营和管理的各个环节。内部审计不仅可以确定本部门、本单位的活动是否符合国家的经济方针、政策和有关法令，而且可以确定部门内部的各项制度、计划的执行是否得到落实，是否已达到预期的目标和要求。通过内部审计所收集到的信息，如生产规模、产品品种、质量、销售市场等，或发现的某些具有倾向性、苗头性、普遍性的问题，都是领导做出经营决策的重要依据。

2．揭示经营管理薄弱环节，促进组织健全自我约束机制

我国各部门、单位的活动不仅要受到国家财经政策、财政制度和法律的制约，而且要遵守本部门、本单位内部控制制度的规定。内部审计机构

可以相对独立地对本部门、单位内部控制情况进行监督、检查，客观地反映实际情况，并通过这种自我约束性的检查，促进本部门、本单位建立、健全内部控制制度。

3．促进组织单位改进工作或生产，提高经济效益

内部审计通过对经济活动全过程的审查，对有关经济指标的对比分析，揭示差异，分析差异形成的因素，评价经营业绩，总结经济活动的规律，从中揭示未被充分利用的人、财、物的内部潜力，并提出改进措施，可以极大地促进经济效益的提高。

4．监督受托经济责任的履行情况，以维护组织的合法经济权益

同外部审计一样，所有权与经营权的分离是内部审计产生的前提，确定各个受托责任者经济责任履行情况也是内部审计的主要任务。内部审计通过查明各责任者是否完成了应负经济责任的各项指标（如利润、产值、品种、质量等），这些指标是否真实可靠，有无不利于国家经济建设和企业发展的长远利益的短期行为等，既可以对责任者的工作进行正确评价，也能够揭示责任人与整个部门、单位的正当权益，有利于维护有关各方的合法经济权益。

5．监控财产的安全，促进组织财产物资的保值增值

财产物资是部门、单位进行各种活动的基础。内部审计通过对财产物资的经常性监督、检查，可以及时地发现问题，指出财产物资管理中的漏洞，并提出意见和建议，以促进或提醒有关部门加强财产物资管理，努力保证财产物资的安全完整并实现其保值、增值的目标。

第二节 内部审计的准则体系

一、内部审计准则概述

准则是言论、行动、思想等依据的原则，是行为或道德所遵循的标准原则或行为准则。内部审计准则是内部审计职业发展的必然产物，是内部审计职业化的重要方面，同时也是推动内部审计职业规范化的重要力量。

内部审计准则的制定、公布与实施，为保证内部审计质量、指导内部审计行为、评价内部审计工作业绩提供了基础，对于发挥内部审计为组织增加价值的作用、确保组织目标的实现、取得组织管理层与治理层的信任、巩固内部审计职业的社会地位、改善内部审计信息的沟通都发挥着重要的作用。

（一）内部审计准则的含义

内部审计准则是指各类企业、各级政府机关以及其他单位的内部审计人员在实施内部审计工作时所应遵循的行为规范，也是评价内部审计工作质量的权威性规则。其是内部审计工作领域中重复性事务和概念的统一规定，是以科学技术和实践经验的综合成果为基础，经过协商和主管机构的批准、发布，作为内部审计共同遵守的准则和依据的。内部审计准则主要来源于审计实践活动、审计理论研究、借鉴国外成果、审计环境影响等，对于提高内部审计工作质量和工作效率、促进内部审计理论与实务的发展具有重要的意义。

内部审计准则的作用机制主要为自律。这一点可以从内部审计准则依靠内部审计职业界的力量执行，而不是政府的强制力看出。内部审计职业界遵循内部审计技术规范，在很大程度上需要依靠审计人员的自律完成。在审计人员职业前教育中，审计技术规范的内容和要求就应该是重要培训项目。在进入内部审计职业界中，审计人员更应该将审计技术规范作为自身从思想上和操作上都始终自觉追求的行为准则。

虽然从总体上看，内部审计准则的作用机制更多地表现为自律，但从局部上看也存在他律的作用机制。内部审计人员在学习内部审计准则时，对内部审计准则的理解过程就是一种他律的作用机制，内部审计职业界为保证审计准则的有效实施而定期进行的质量外部评估，也是一种来自内部审计机构之外他律的作用机制。

（二）内部审计准则的作用

作为内部审计的行为规范，内部审计准则是内部审计职业界对内部审计行为提出的技术性要求，是内部审计人员在审计工作过程中必须遵守的操作标准，也是各利益相关方评价内部审计人员工作质量的重要依据。内部审计准则的作用表现在以下五个方面。

1．为规范和指导内部审计工作提供依据

内部审计准则体现了内部审计理论的最新发展，是内部审计理论在实践上的具体化。内部审计准则为内部审计实务操作提供了具体的技术规范，是内部审计人员在内部审计活动中必须遵循的执业标准。

2．衡量内部审计工作质量的标准

内部审计是一项特殊的专业服务，具有无形、同步、易逝等特点，其服务质量的高低取决于每一个被审计单位的感受。因而，很难对具体审计结果进行直接的质量测定。对内部审计质量的统一社会评价主要依靠对内部审计人员和内部审计过程中的专业行为进行的评价，内部审计准则提供了这种评价的尺度和标准。

3．明确内部审计责任，降低风险

内部审计准则规定了内部审计职业责任的最低要求。内部审计人员若违背了内部审计准则，不仅说明其未能切实履行应尽的职责，还应对其所造成的后果承担必要的责任。另外，内部审计的职业责任体现在对审计结果所提供的合理保证上，内部审计准则明确界定了内部审计人员的责任界限，该责任界限成为保护内部审计人员免受不公正指责的重要保证，也降低了内部审计工作不到位的风险。另外，内部审计准则也为解决内部审计的争议提供了仲裁标准。

4．利于内部审计机构与利益相关方的沟通，增强审计结果的可理解性

很多内部审计活动涉及复杂的专业行为，借助于内部审计准则，各利益相关方可以了解内部审计工作的基本内容和工作质量的基本标准，增强对审计结果的可理解性。同时，通过让各利益相关方参与内部审计准则的制定，职业界也可以了解其对内部审计的需求及其变化。这种沟通还可以促进内部审计更好地满足各利益相关方的需要。

5．完善内部审计机构内部管理的基础

内部审计机构想要不断加强和完善其内部管理，提高内部审计的质量与效率，必须以科学、合理、明确的内部审计准则为基础。内部审计准则是内部审计人员的行为指南，是评价内部审计人员业绩的标准，是进行内部审计职业教育的根据，为内部审计职业发展和后续教育确定了方向和努力目标。内部审计机构制定出各种内部管理和质量控制制度的目的是保证内部审计活动达到内部审计准则的要求。

综上所述，内部审计准则的作用已远远超出了内部审计业务工作的范围，从某种意义上起到了促进整个内部审计事业发展的作用。内部审计准则在很大程度上反映了内部审计专业的水平，内部审计准则的建立和完善已经成为内部审计职业发展的重要方面。

考察世界范围内部审计准则发展的历史和现状，可以发现各国的内部审计准则正在不断趋向统一，国际化已经成为内部审计准则发展的必然趋势。内部审计准则国际化的发展趋势源于社会需求的国际化、内部审计准则的技术特性以及国际内部审计组织的积极贡献。

二、国际内部审计准则

（一）国际内部审计准则体系及演变过程

国际内部审计师协会（IIA）的前身美国内部审计师协会于1941年在美国成立，1947年颁布了《内部审计职责说明书》，1978年又颁布了《内部审计实务标准》，这是国际内部审计师协会自成立以来编制的最重要的文件，是“内部审计准则”的雏形。经过多年的不断修订和完善，该实务标准已经成为具有国际权威性的、代表世界各国内部审计先进经验的、具有普遍指导意义的内部审计准则体系。《内部审计实务标准》为全球范围内的内部审计人员和利益相关方提供了统一、权威的内部审计专业标准体系，为推动内部审计职业的发展做出了巨大的贡献。

迄今为止，IIA先后颁布了六个《内部审计职责说明书》（SRIA），先后于1993年、2001年、2009年和2012年对《内部审计实务标准》进行了四次较大的更新与修订，对《国际内部审计专业实务框架》（IPPF）的最近一次修订是在2012年10月，修订后的准则自2013年1月1日开始实施。

国际内部审计师协会对《国际内部审计专业实务框架》中的《国际内部审计专业实务标准》进行修订的主要目的包括：①确保标准能够以最及时、最相关的方式体现职业的最新发展；②确保达到《国际内部审计专业实务框架》对标准至少三年进行一次审核的要求；③确保对《国际内部审计专业实务框架》的持续改进成为其持续发展的关键组成部分。这次修订的内容主要体现在进一步明确了遵循准则的责任，增加了对质量保证和改进的重视，澄清了首席审计官就不能承受的风险进行沟通的职责，明确了对审计计划进行及时调整的要求，强调对战略目标的风险覆盖，并对部分专业术语进行了全新的界定。

（二）国际内部审计专业实务框架内容

《国际内部审计专业实务框架》（IPPF）是国际内部审计师协会发布的权威性指南的概念框架，由强制性指南和强力推荐的指南两部分构成。

强制性指南包括三个组成部分，即内部审计定义、职业道德规范和国际内部审计专业实务标准。遵循强制性指南的要求对于内部审计师和内部审计部门有效地履行职责是必须且重要的。《内部审计实务标准》的强制性质通过使用“必须”一词加以强调。《内部审计实务标准》中的“必须”特指无条件的强制性要求。在某些例外情况下使用“应当”一词来表示期待相关要求得到遵守，除非根据专业判断所涉情形允许偏离《内部审计实务标准》的要求。强制性指南适用于提供内部审计服务的个人或机构。

在强制性指南中，“内部审计定义”明确了内部审计定义、目标和根本属性。《职业道德规范》的目标是在内部审计职业中推广的一种道德文化。作为对内部审计在风险管理、控制和治理中进行客观保证的信任基础，《职业道德规范》对于内部审计职业是必需的和恰当的，它是IIA会员和注册内部审计师必须遵循的行为规范。而《内部审计实务标准》是评估、衡量内部审计机构工作的准绳，旨在提供内部审计实务的正确做法。不论内部审计处于哪种类型的组织，《内部审计实务标准》的目的是服务于整个内部审计行业。《内部审计实务标准》由属性标准、工作标准以及实施标准三个部分构成。属性标准说明了开展内部审计活动的机构和人员特点；工作标准描述了内部审计活动的性质，并提出了衡量内部审计活动开展的质量准绳；实施标准是属性标准和工作标准在特定类型业务中的具体体现。前两者是对内部审计活动的总要求，实施标准是其在特定类型业务中的具体指导。释义对《内部审计实务标准》中的术语和短语做出了进一步的阐释，置于需要加以解释的相关《内部审计实务标准》条款之下。

强力推荐的指南包括立场公告、实务公告和实务指南三个部分。强力推荐的指南是通过正式的批准程序取得国际内部审计师协会认可的，由IIA国际技术委员会按照规定的流程制定。这类指南不具有强制性，但它有助于对《内部审计实务标准》进行解释，或将《内部审计实务标准》应用于特定内部审计环境中。它具体说明了在实务中对内部审计的概念界定、职业道德规范和国际内部审计专业实务标准的执行。强力推荐的指南可以由胜任的内部审计师凭借其专业判断加以运用。

《国际内部审计专业实务框架》（IPPF）的结构和内容如表5-1所示。

表5-1 《国际内部审计专业实务框架》的结构和内容

框架结构		内容
强制性指南	内部审计定义	阐明内部审计的基本宗旨、性质和工作范围
	职业道德规范	阐明开展内部审计活动的个人或机构需要遵循的原则和行为规范，表明了对执业行为规范的最低要求，而不是具体活动
	内部审计实务标准	以原则为导向的强制性要求，为实施和推动内部审计提供了框架，其组成内容包括关于内部审计专业实务和评价内部审计工作效果的基本要求的条款，这些要求普遍适用于全球范围内的组织和个人
强力、推荐指南	立场公告	立场公告表明国际内部审计师协会关于内部审计在特定事项中的角色、职责、所站的立场及所持的观点。立场公告有助于对内部审计感兴趣的社会各界了解重大治理、风险或控制事项以及内部审计在其中扮演的角色和作用
	实务公告	实务公告主要帮助内部审计师适用内部审计定义、《职业道德规范》和《内部审计实务标准》，同时推动良好的实践。实务公告涉及开展内部审计的方式、方法和需要考虑的因素，但是不包括详细的过程和程序。实务公告包含的内部审计实务与跨国、国内或特定行业的事项、特定业务类型以及法律法规事宜相关
	实务指南	实务指南为开展内部审计活动提供详细的指引，包括具体的过程和程序，如工具技术、程序以及分步骤的方法和形成书面文件的范例等

三、中国内部审计准则

（一）中国内部审计准则框架

1. 中国内部审计准则综述

中国内部审计准则是中国内部审计规范体系的重要组成部分，由内部审计基本准则、内部审计具体准则和内部审计实务指南三个层次组成。

中国内部审计协会自2000年开始着手制定中国内部审计准则，于2003年正式发布了《内部审计基本准则》《内部审计人员职业道德规范》和十项具体准则。随后又陆续发布了七批审计准则，至2011年共发布《内部审计基本准则》和《内部审计人员职业道德规范》以及29个内部审计具体准则，此外还有五个实务指南。为了更好地适应内部审计的最新发展，发挥内部审计准则在规范内部审计行为、提升内部审计质量方面的作用，2013

年，中国内部审计协会对2003年以来发布的内部审计准则进行了全面、系统的修订，并于8月发布了《中国内部审计准则》，自2014年1月1日起施行。

修订后的中国内部审计准则由内部审计基本准则、内部审计人员职业道德规范和20个具体准则组成。新修订的准则：一是保持原有准则体系的连续性和稳定性；二是增强准则体系的逻辑性和系统性；三是突出准则的适用性和前瞻性。我国内部审计准则适用于各类组织的内部审计机构、内部审计人员及其从事机构的内部审计活动。

内部审计基本准则对内部审计机构和内部审计人员的基本资格条件、工作方式和方法以及内部管理制度进行了基础性的概括规定。为了内部审计机构和内部审计人员对这些概括性规定进行更好的理解和贯彻，内部审计准则体系设计了具体的准则和实务指南。具体准则对基本准则中提及的各项原则性要求进行了具体的解释和详细的说明，实务指南则选择了内部审计实务中经常实施的内部审计类型进行了更加有针对性的专项解释和说明。具体准则是根据基本准则制定的，而实务指南是根据基本准则和具体准则制定的，因此，内部审计机构和内部审计人员可以通过阅读具体准则更加明确地理解基本准则的规定和要求，也可以通过阅读实务指南对各项具体的内部审计业务类型形成更加明确的操作指导。

2．我国内部审计准则体系的层次设计

内部审计准则体系中的三个不同层次，具有不同的约束力和权威性。基本准则是内部审计准则体系的第一层次，是内部审计准则的总纲，具有最高的权威性和法定约束力。基本准则、具体准则是内部审计机构和人员进行内部审计的执业规范，内部审计机构和人员在进行内部审计时应当遵照执行。具体准则的权威性虽低于基本准则的权威性，但要高于实务指南的权威性，并有法定约束力；而实务指南是给内部审计机构和人员提供操作性的指导意见，不具有法定约束力和强制性，内部审计机构和人员在进行内部审计时应当参照执行。

在分类的基础上，我国对内部审计准则体系采取四位数编码进行编号，其中，千位数代表准则的层次，百位数代表准则在某一层次中的类别，十位数和个位数代表某具体准则在该类中的排序。新的编号方式借鉴了国际内部审计准则的经验，体现了准则体系的系统性和准则之间的逻辑关系，为准则未来的发展预留了空间。

（1）准则体系的第一层次：我国内部审计准则体系的第一层次是内部审计基本准则和内部审计人员职业道德规范。作为准则体系的第一层次，其编码为1000。其中，内部审计基本准则为第1101号，内部审计职业道德规范为第1201号。

（2）准则体系的第二层次：我国内部审计准则体系的第二层次是内部审计具体准则。作为准则体系的第二层次，其编码为2000。内部审计具体准则分为作业类、业务类和管理类三大类。其中，内部审计作业类编号为2100，属于这一类别的九个具体准则编码分别为第2101号至第2109号；内部审计业务类编号为2200，属于这一类别的五个具体准则编码分别为第2201号至第2205号；内部审计管理类编号为2300，属于这一类别的八个具体准则编码分别为第2301号至第2308号。以《第2106号内部审计具体准则——审计报告》为例，千位数2代表该准则为准则体系中的具体准则，百位数1代表该准则为具体准则中的作业类准则，个位数6代表该准则在作业类准则中的排序。

（3）准则体系的第三层次：我国内部审计准则体系的第三层次是实务指南。作为准则体系的第三层次，其编码为3000。第3101号为审计报告指南，第3201号至第3204号分别为建设项目审计指南、物资采购审计指南、高校内部审计指南和企业内部经济责任审计指南。

3．制定中国内部审计准则的主要目标

我国内部审计协会在制定现代内部审计准则时确定的目标是：贯彻落实《中华人民共和国审计法》及相关法律法规，使内部审计工作做到依法审计、适法而为；规范内部审计机构和人员的执业行为和执业过程，保证内部审计质量，提高内部审计效率；明确内部审计机构和人员的责任，发挥内部审计在加强内部控制、改善风险管理和完善公司治理方面的功能；建立与国际内部审计惯例相衔接、与民间审计和政府审计准则相协调的中国内部审计准则，实现内部审计的制度化、规范化和执业化。

（二）中国内部审计准则具体内容

1. 内部审计基本准则

内部审计基本准则是内部审计准则的总纲，是内部审计机构和人员开展内部审计活动时必须遵循的基本规范，是制定内部审计具体准则、内部审计实务指南的基本依据。新修订的内部审计基本准则由原来的27条调整为33条，内容包括一般准则、作业准则、报告准则和内部管理准则。考虑到基本准则的简练性和重要性，将其具体条款介绍如下。

（1）一般准则：基本准则中的一般准则对内部审计机构和内部审计人员的基本资格条件和工作方式进行了规范，是内部审计人员合理确定审计目标、设计审计程序、形成审计结论的前提保证。目前基本准则中一般准则包括以下六条：①组织应当设置与其目标、性质、规模、治理结构等相适应的内部审计机构，并配备具有相应资格的内部审计人员；②内部审计的目标、职责和权限等内容应当在组织的内部审计章程中明确规定；③内部审计机构和内部审计人员应当保持独立性和客观性，不得负责被审计单位的业务活动、内部控制和风险管理的决策与执行；④内部审计人员应当遵守职业道德，在实施内部审计业务时保持应有的职业谨慎；⑤内部审计人员应当具备相应的专业胜任能力，并通过后续教育加以保持和提高；⑥内部审计人员应当履行保密义务，对于实施内部审计业务中所获取的信息保密。

（2）作业准则：基本准则中的作业准则是内部审计准则的核心，从如何根据审计目标了解被审计单位以充分识别和评估审计风险开始，要对评估的审计风险实施应对措施，即为既定的审计目标选择适当的审计证据，设计适当的审计程序，配置适当的审计测试，再到内部审计技术方法的具体运用和审计计划方案的具体实施，实现了对整个审计证据收集过程的技术性规范。目前，基本准则中作业准则包括以下十条：①内部审计机构和内部审计人员应当全面关注组织风险，以风险为基础组织实施内部审计业务；②内部审计人员应当充分运用重要性原则，考虑差异或者缺陷的性质、数量等因素，合理确定重要性水平；③内部审计机构应当根据组织的风险状况、管理需要及审计资源的配置情况，编制年度审计计划；④内部审计人员根据年度审计计划确定的审计项目，编制项目审计方案；⑤内部审计机构应当在实施审计三日前，向被审计单位或者被审计人员送达审计通知书，做好审计准备工作；⑥内部审计人员应当深入了解被审计单位的情况，审查和评价业务活动、内部控制和风险管理的适当性和有效性，关注信息系统对业务活动、内部控制和风险管理的影响；⑦内部审计人员应当关注被审计单位业务活动、内部控制和风险管理中的舞弊风险，对舞弊行为进行检查和报告；⑧内部审计人员可以运用审核、观察、监盘、访谈、调查、函证、计算和分析程序等方法，获取相关、可靠和充分的审计证据，以支持审计结论、意见和建议；⑨内部审计人员应当在审计工作底稿中记录审计程序的执行过程，获取的审计证据，以及做出的审计结论；⑩内部审计人员应当以适当方式提供咨询服务，改善组织的业务活动、内部控制和风险管理。

（3）报告准则：基本准则中报告准则的规范重点在内部审计的结论上，规范了内部审计结论的表现形式，包括内部审计报告的编写要求和内容，也规范了内部审计人员在形成审计结论过程中的具体要求。目前基本准则中报告准则包括以下四条：①内部审计机构应当在实施必要的审计程序后，及时出具审计报告；②审计报告应当客观、完整、清晰，具有建设性并体现重要性原则；③审计报告应当包括审计概况、审计依据、审计发现、审计结论、审计意见和审计建议；④审计报告应当包含是否遵循内部审计准则的声明。如存在未遵循内部审计准则的情形，应当在审计报告中做出解释和说明。

（4）内部管理准则：基本准则中的内部管理准则是对内部审计机构构建内部管理制度和质量控制体系的具体规范，其目的也在于确保内部审计目标的更好实现。目前，基本准则中内部管理准则包括以下八条：①内部审计机构应当接受组织董事会或者最高管理层的领导和监督，并保持与董事会或者最高管理层及时、高效的沟通；②内部审计机构应当建立合理、有效的组织结构，多层级组织的内部审计机构可以实行集中管理或者分级管理；③内部审计机构应当根据内部审计准则及相关规定，结合本组织的实际情况制定内部审计工作手册，指导内部审计人员的工作；④内部审计机构应当对内部审计质量实施有效控制，建立指导、监督、分级复核和内部审计质量评估制度，并接受内部审计质量外部评估；⑤内部审计机构应当编制中长期审计规划、年度审计计划、本机构人力资源计划和财务预算；⑥内部审计机构应当建立激励约束机制，对内部审计人员的工作进行考核、评价和奖惩；⑦内部审计机构应当在董事会或者最高管理层的支持和监督下，做好与外部审计的协调工作；⑧内部审计机构负责人应当对内部审计机构管理的适当性和有效性负主要责任。

2．内部审计具体准则

内部审计具体准则是依据内部审计基本准则制定的，是内部审计机构和人员在进行内部审计时应当遵循的具体规范。新修订的内部审计具体准则分为作业类、业务类和管理类三大类。

作业类准则涵盖了内部审计程序和技术方法方面的准则，具体包括审计计划、审计通知书、审计证据、审计工作底稿、结果沟通、审计报告、后续审计、审计抽样、分析程序九个具体准则。

业务类准则包括内部控制审计、绩效审计、信息系统审计、对舞弊行为进行检查和报告、经济责任审计五个具体准则。

管理类准则包括内部审计机构的管理、与董事会或者最高管理层的关系、内部审计与外部审计的协调、利用外部专家服务、人际关系、内部审计质量控制、评价外部审计工作质量、审计档案工作八个具体准则。

3. 内部审计实务指南

内部审计实务指南是依据内部审计基本准则、内部审计具体准则制定的，为内部审计机构和人员进行内部审计提供了可操作性的指导意见。

目前形成的五个实务指南既包括重要但在基本准则和具体准则中未能凸显其特点的行业审计指南（高校内部审计），也包括具有重要性、专业特殊性的重要业务审计指南（建设项目审计、物资采购审计、企业内部经济责任审计），同时还对审计过程中重要的作业环节进行了拓展性的阐述（审计报告），使其能更好地发挥指导内部审计实践的功能。

基本准则、具体准则和实务指南的综合作用，体现了我国内部审计准则体系的系统性和适用性，是对国际内部审计准则的深化、拓展和传承。随着内部审计理论与审计实践的不断发展，准则体系也会不断修订与完善并逐渐丰富。内部审计准则的修订和发布，是我国内部审计规范化建设的一件大事，是完善内部审计规范体系的重要举措，对提升内部审计在组织中的地位，规范内部审计机构和内部审计人员的行为，保证审计质量，防范审计风险，促进内部审计事业健康发展具有积极的意义。

第三节　企业内部审计的机构与人员设置

一、内部审计机构设置与模式选择

内部审计机构是指部门、单位内部从事组织和办理审计业务的专门组织。从现代企业决策、执行、监督“三权分立”的公司治理基本原理来看，内部审计的作用越来越引起人们的重视。一方面，内部审计是公司治理结构中不可或缺的部分；另一方面，内部审计职能的充分发挥又依赖于公司治理机制的完善。一个企业的内部审计组织结构的设置，关系到内部审计功能的发挥。不同阶段、不同企业对内部审计功能的需求也有所不同，因此，根据企业规模、管理模式、企业目标等实际情况，内部审计组织结构的设置各有不同。只有理顺报告路径，确保机构的独立与权威，内部审计机构才能真正成为公司治理的基石。

（一）内部审计机构设置原则

1．独立性原则

独立性原则是设立内部审计机构最重要的原则。审计机构的设置应以保证审计结论的客观公正为前提。在此指导下，内部审计机构在组织、人员、工作和经费等方面应独立于被审计单位，独立行使审计职权，不受其他职能部门和个人的干涉，以体现审计的客观性、公正性和有效性。无论是部门中的还是单位中的内部审计机构，都必须保持其组织上和业务上的独立性。既不能把内部审计机构附设在财务部门中，也不能将其附设在其他职能部门中，否则就丧失了它的独立性，难以客观公正地进行审计。独立性是内部审计机构设置的前提要求。一定要结合公司本身规模、管理层次、股权结构等状况进行内部审计机构、组织形式的设计，保证内部审计机构和人员能够独立地开展工作，并发挥相应的作用。

2．权威性原则

权威性原则主要体现在内审组织机构的地位和设置层次上。内审组织机构的组织地位和设置层次越高，其权威性越大，内审的作用就发挥得越充分。只有具有一定的权威，才能顺利开展内部审计工作。《审计署关于内部审计工作的规定》中指出，内部审计是国家授予的权力，部门、单位在设立内部审计机构时，应就内部审计的职责和权限做出明确规定，并强调内部审计的权威性，以利于工作的进行。内部审计机构自身也要通过审计成果的科学性来增强其权威性。

3．法定性原则

无论是国家机关，还是金融机构、企业事业组织、社会团体，无论是国有单位还是非国有单位，都应当按照国家有关规定建立健全内部审计制度。法律、行政法规规定设立内部审计机构的单位，必须设立独立的内部审计机构。国有资产管理机构对国有企业内部审计机构设置有明确的规定，如国务院国资委要求所属企业应设置独立的内部审计机构，并在公司董事会领导下开展工作。《中华人民共和国中外合资经营企业法》实施细则，要求非小型企业建立内部审计师制度。我国证监会《上市公司治理指引》对设置独立的内部审计机构和在董事会领导下开展工作进行了规范，中国银行保险监督管理委员会、中国银行保险监督管理委员会也有类似的要求。不过一般来讲，内部审计还是企业自身的事情，企业自身可以独立决定，所以，这里所强调的法定性原则主要是指应该在公司章程中明确对内部审计机构的设置、领导关系、人力资源计划、预算安排等保证内部审计发挥作用的环境，以及按照规定必须设置内部审计机构的企业的法定性。

4. 实效性原则

表面上看，内部审计机构不是直接产生效益的部门，但现代企业，尤其是在内部审计制度比较健全的西方市场经济国家中，内部审计在企业价值增值过程中的作用非常明显。如果内部审计机构的设置只是增加了公司的管理费用，而没有对公司的经营管理产生实际的作用，就违背了实效性原则。

5. 适应需要性原则

鉴于我国需要建立内部审计制度的单位涉及国家机关、金融机构、企业事业组织、社会团体等社会经济的各个领域，部门之间、单位之间、行业之间存在诸多不可比因素，因此，在内部审计机构的设置上应从实际需要出发，根据不同情况进行。并且，内部审计机构的设置要与国家政策环境、公司历史沿革、公司组织架构、公司管理层对内部审计的认知、公司从股东到基层职工对内部审计的期望相适应，滞后会削弱内部审计的作用，而超前又会造成公司一定程度上的管理混乱，反而会阻碍内部审计的发展。

（二）内部审计机构常见设置模式

我国企业内部审计制度建立较晚，目前的状况是内部审计机构地位不明确，具有很强的依附性。内部审计机构作为企业的一个职能部门，是在企业主要负责人的直接领导下开展工作的，其人员配置、职务升迁、工作地位及经济待遇等都由该企业领导决定，因此，其独立性受到很大的限制。同时，我国内部审计在发展的过程中，又广泛借鉴了其他不同国家的组织模式，因此，我国的内部审计机构与西方内部审计组织机构又有很多相近的地方。

根据内部审计业务范围的拓展和对独立性越来越高的要求，我国现代企业内部审计部门从以往隶属于财务部门到逐渐从中分离出来。并且，随着现代企业制度的建立和企业集团的形成，内部审计部门在组织中的位置也不断变化，因企业利益相关者的主导需求不同，其设置模式也有所不同。从单一法人企业的角度看，按照内部审计机构的领导机制划分，其可以分为单一领导模式和双重领导模式。

1. 单一领导模式

内部审计机构只对一个上级主管负责，包括隶属于财务部门、隶属于总经理（高级管理层）、与纪检监察合署办公、隶属于监事会和隶属于董事会五种模式。

（1）隶属于财务部门：隶属于财务部门一般是指内部审计机构设置在财务部门之中，内部审计机构的负责人向财务部门负责人报告内部审计工作。这是出现较早的一种模式，在我国内部审计的起步阶段，大多数设置了内部审计机构的单位选择了这种组织模式。在这种“归口管理”模式下，总会计师或主管财务的副总经理既管财务工作，又管审计工作，尽管业务协调上有所便利，但实际上就形成了自己监督的局面，难以保证内审机构和内审人员开展业务的实质性独立。内审机构和内审人员在制订审计计划、实施审计程序，乃至最后提出审计建议和意见时易受干扰，严重影响了其独立性，难以保持应有的客观公正态度。尤其是随着近年来内部审计向“服务导向型”的转变，现代内部审计的职能已逐步拓展为监督、评价、控制与咨询服务，审计的重点也逐步转向以效益型为主的管理审计，这种机构设置模式更显得捉襟见肘，不合时宜。

（2）隶属于总经理（高级管理层）：隶属于总经理（高级管理层）一般是指内部审计机构是独立于财务部门的管理部门，内部审计通常是接受总经理的委托，对下属单位各项经营活动进行检查、监督和评价，保持了审计的独立性和较高的地位。内部审计机构根据高管层的要求开展工作，并将审计结果直接向其报告，有利于及时、快捷地为经营管理者提供决策建议，直接为日常经营决策服务，在公司内部控制体系中更好地发挥确认与咨询职能，有利于企业管理人员根据审计结果采取改善经营管理、提高经济效益的措施。

总经理等高级管理层是公司的最高管理人员，拥有专业的管理知识和经验，熟知企业的日常经营业务，作为股东的代理人承担着为股东财产增值保值的职责，并将股东财富最大化作为企业的发展目标。在管理过程中，总经理等高级管理层要将自身承担的责任和目标在企业内部层层分解，逐步落实。在这种情况下，有效的内部审计可减少下属部门的逆向选择和道德风险，降低总经理对下属的监督约束成本。但该模式对降低股东和总经理（高级管理层）基于委托代理关系产生的信息不对称性毫无帮助，难以对本级公司的财务和总经理的经济责任进行独立的监督和评价。这是因为，内部审计部门评价的对象是单位经营活动和管理控制过程，而总经理是企业生产经营活动的决策者和管理责任的最终承担者，总经理下属部门的很多活动是在其授意下进行的，内部审计机构对这些部门的检查可能会在一定程度上受到阻碍。一方面，内部审计机构在总经理直接领导下并对其负责和报告工作；另一方面，内部审计人员的切身利益直接受其控制，内部审计人员的人事调配权、工资管理权、奖惩权等由其掌握，这必将导致内部审计机构执纪执法的程度直接受其影响，工作质量直接受其制约，内部审计工作无法保证形式和实质上的独立性。也就是说，总经理领导的组织模式难以对公司的重大经营管理活动和总经理的经济责任进行监督和评价。

（3）与纪检监察合署办公：与纪检监察合署办公一般是指纪检、监察、审计三种职能融为一体，相关机构合署办公，一般受纪委书记领导。这种组织模式在以前的国有企业中也比较常见，突出了内部审计的监督性质，但从某种程度上制约了内部审计的权限和作用的发挥。纪检部门是党的办事机构，内部审计归属于行政监督，合署办公易造成党政不分、政企不分的职能混乱，影响其独立性。并且，内部审计与纪检监察合署办公着重关注的是监督职能，并没有真正认识到现代内部审计的实质，会导致管理审计的开展较为困难。但内部审计和纪检监察有机结合，在审计的过程中全程配合协作，可以缩短信息沟通距离，深度推动内部审计与纪检监察工作的有效开展。这种内部审计机构设置模式是将内部审计作为纪检监察部门办案和监察工作的延伸和补充，提高了纪检监察与审计沟通协调的效率。

（4）隶属于监事会：隶属于监事会一般是指内部审计工作由监事长分管，内部审计机构负责人向监事会报告内部审计工作。这种设置审计部门的模式独立性较强，监督的力度也较大，但关系较难协调，难以直接将审计工作结果运用到企业经营管理中，也无法对企业产权的所有者负责。监事会是公司的监督机构，由股东代表和职工代表组成，监事会的职权主要是对公司财务及董事、经理在执行公司职务时是否违反法律、法规和章程进行监督。监事不能兼任公司的高管职务，没有经营管理权，因此，不能直接服务于经营管理。监事会是制约董事会、管理层的有效机制，但对于我国国有企业以及大部分上市公司而言，目前监事会的权力和地位并不能有效保证其职责的有效履行。内部审计设在监事会不仅不能强化内部审计的监督职能，反而会极大削弱内部审计的其他职能，如咨询服务职能等，从而也就不能达到通过内部审计改善经营管理，提高经济效益的目的。

（5）隶属于董事会：隶属于董事会即在董事会下设置内部审计机构。这种组织形式也是在西方国家企业内部审计组织机构模式中常见的设置形式之一。董事会是公司的经营决策机构，作为公司制企业的最高权力机构，它直接对股东大会负责。将内部审计组织机构设在董事会，有利于保持内部审计较强的独立性和较高的地位，同时也使内部审计具有一定的灵活性，既便于其为委托人服务，又便于其对经营管理层加强管理，提高服务效益。

董事会成员不但利用内部审计人员的专业知识来了解公司所面临的风险以及控制弱点，还需要内部审计人员提供改进意见以履行董事会成员的职责。但不足之处在于，凡事都要通过董事会集体讨论决定，这将降低内审工作的效率，不便于内审工作的正常进行。

2. 双重领导模式

与单一领导模式相对应的是在董事会下设审计委员会，在企业“行政系统——经营管理系统”设置内部审计机构。在单一领导模式下，考虑到内部审计工作性质的广泛性，领导职权的有限性限制了内部审计的职能作用，双重领导模式解决了这一问题。此种设置方法使内审机构的地位高，独立性强。

内审机构，就审计业务（职能上），要对审计委员会负责并报告工作；就行政内容（行政上），要对总经理负责并报告工作；审计委员会成员由董事长、非执行董事、总审计长和非公司董事（外聘）等组成。这样的双向报告关系能够在最大限度上发挥内部审计的各项职能，内部审计机构的人事管理、资源计划决策权属于审计委员会。从内审机构设置的原则上看，董事会下设审计委员会、在“行政系统——经营管理系统”设置审计机构最为科学有效。这种组织模式是现代企业制度下内部审计组织机构的最佳模式，比较符合国际内部审计实务标准的要求，也是国际内部审计师协会所倡导的内部审计机构设置模式，有利于审计人员独立开展工作。

在实践中，内部审计组织的设置直接受到企业管理理念、企业规模、内部治理结构、人员水平和胜任能力等各方面因素的影响。特别是我国企业股权结构、治理模式处于不同的现状，在设置内部审计机构时要遵循科学性、适应性和可操作性原则。对于特殊类型的企业或在管理上具有特殊要求的企业，其可根据自己的实际情况、考虑成本效益原则灵活设置，但要考虑兼顾内部审计的独立性、专业性、高效性和权威性。

（三）集团公司内部审计机构设置

企业集团不同于单一法人企业的股权结构，在结构形式上，表现为以大企业为核心、诸多企业为外围、多层次的组织结构，其中母公司既是一个由投资者、债权人、管理者、员工等一组不同利益相关者组成的联合组织，又是以法人形式出现的委托者；子公司既是独立的法人又是母公司的代理者。这种交叉重叠的委托代理关系使得企业集团内部的委托代理关系更为复杂，因此，企业集团对内部审计机构的设置要求也有所变化。

长期以来，我国企业集团建立的内部审计体制多为分级管理模式，即各级企业按需设置审计机构，对各自管辖的企业和部门实施审计工作。这种模式最开始起到了一定的作用，但随着我国经济的发展和市场化的深入，企业集团的规模逐渐扩大，层级增多，这种分级管理使得内部审计机构设置不再匹配集团的发展要求，现代企业集团内部审计管理模式逐渐走向集中管理。

内部审计机构的合理设置和职能的有效发挥，有利于企业集团治理结构的优化。通过构建尽可能集中的集团公司内部审计体系，可有效防范集团企业的内部失控，增强集团控制力，合理配置资源，使集团财富增值。目前，我国多层级企业集团内部审计管理模式主要分为以下四种。

1．分级管理模式

分级管理模式是指集团公司及其所属法人单位根据自身需要设立本单位内部审计机构，内部审计机构在行政上对本单位负责并报告工作，即各单位所配置的审计人员，其人事、行政、经费都由本单位管理层管理，在审计业务上，在接受上一级审计机构的指导的同时以本单位管理层管理为主，以“分级管理、下审一级”的方式对所属单位进行审计监督的模式。

分级管理的模式让集团内各法人单位的内部审计活动具有较好的适应性、灵活性和针对性，但内部审计机构受本单位的领导，导致内部审计的独立性较差，内部审计信息可能会背离集团总体发展目标和管理要求。

2．垂直管理模式

垂直管理模式是指内部审计机构设置在集团公司总部，各层级的下属单位都不再设立内部审计机构，集团总部分区域向下逐级派出审计机构

（或审计专员），派出机构根据委派机构的要求对派驻单位实施审计监督，派出机构和人员纳入委派单位编制，对委派单位负责并报告工作的模式。

垂直管理模式的主要特征是“上审下”，适合于上下级单位业务内容比较统一，管理体系本身就是垂直控制的企业，如银行等。其是逐渐兴起的一种组织管理模式，中国银行保险监督管理委员会更是以制度规定的形式将其在商业银行广泛推行。

3．集中管理模式

集中管理模式是指只在集团公司设置内部审计机构，下属单位均不设立内部审计机构，审计机构对集团公司管理层负责并报告工作，由专门派出的审计人员对下属单位进行审计监督、提供审计服务的模式。

在集中管理模式下，内部审计派出人员对下属单位具有较高的权威，其独立性程度也较高。但在组织审计工作时，要加强审计工作的计划性，要深入基层，了解下属单位的实际经营情况。

4．组合式管理模式

组合式管理模式也就是上述模式的组合形式，如垂直和分级管理相结合的模式，即在总部设立审计机构（局），并下设审计分支机构（中心或分局）负责审计业务，其所属企业仍设审计机构，由总部和本单位高级管理层双重管理，以总部管理为主，“上审下”和“同级审”的特征同时存在；集中管理与分级管理相结合的模式，即总部设立一个功能完善的审计中心。下属各级管理层根据需要设置审计机构。审计中心对下级审计机构的审计计划实行统筹管理，统筹调配审计资源；分级管理与垂直管理相结合的方式，即总部和二级单位都设置审计机构，二级单位内部审计机构执行总部80%以上的审计任务。各二级单位的审计机构对本级管理层负责，并且根据需要对三级单位实行派驻制，或设置审计联络员。三级及以下单位基本不设置审计机构，这一模式中二级企业审计力度加大。

二、内部审计机构的职责

根据我国审计署2018年发布的《审计署关于内部审计工作的规定》第

十二条规定，内部审计机构按照本单位主要负责人或者权力机构的要求，履行下列职责：①对本单位及所属单位贯彻落实国家重大政策措施情况进行审计；②对本单位及所属单位发展规划、战略决策、重大措施以及年度业务计划执行情况进行审计；③对本单位及所属单位财政财务收支进行审计；④对本单位及所属单位固定资产投资项目进行审计；⑤对本单位及所属单位的自然资源资产管理和生态环境保护责任的履行情况进行审计；⑥对本单位及所属单位的境外机构、境外资产和境外经济活动进行审计；⑦对本单位及所属单位经济管理和效益情况进行审计；⑧对本单位及所属单位内部控制及风险管理情况进行审计；⑨对本单位内部管理的领导人员履行经济责任情况进行审计；⑩协助本单位主要负责人督促落实审计发现问题的整改工作；⑪对本单位所属单位的内部审计工作进行指导、监督和管理；⑫国家有关规定和本单位要求办理的其他事项。

另外，内部审计机构每年应当向本单位主要负责人或者权力机构提出内部审计工作报告。

三、内部审计人员职业胜任能力

内部审计人员的专业胜任能力表现在现实工作环境中，内部审计人员（个体）按照特定标准完成特定范围工作的能力，是内部审计人员个人特性与业绩结果的总和。根据陈家俊和贺颖奇的研究成果，中国内部审计人员专业胜任能力框架由职业道德、执业技能体系和职业知识体系三个部分组成。其中，职业道德在专业胜任能力框架中处于基础性地位，它决定了内部审计人员以何种价值观、职业操守和精神开展工作。执业技能体系和职业知识体系在职业道德约束下发挥作用。

在内部审计人员职业胜任能力方面，《中国内部审计基本准则》要求内部审计人员具备四个基本条件：①具备必要的学识及业务能力，熟悉本组织的经营活动和内部控制，并不断地通过继续教育来保持和提高专业胜任能力；②遵循职业道德规范，并以应有的职业谨慎态度执行内部审计业务；③坚持独立性和客观性，不得负责被审计单位经营活动和内部控制的决策与执行；④具有较强的人际交往技能，能恰当地与他人进行有效的沟通。

（一）执业技能体系

为致力于确保内部审计人员具备履行职责所需的技能和品质，国际内部审计师协会（IIA）于1999年发布了一系列报告，总称《内部审计专业胜任能力框架》（CFIA）。CFIA是通过向全世界的内部审计专家发送一系列的调查表进行调查后完成的，依据调查结果制定了专业胜任能力标准的综合清单，这些标准描述了“按照全球最佳实务，作为一个胜任的内部审计部门应具备的属性及在一个胜任的内部审计部门中扮演关键角色所需要的能力”，并基于此进行执业技能体系框架的构建。

执业技能体系主要介绍内部审计人员要达到胜任功能标准所要求的业绩而应具备的个人技能水平。个体技能包括认知技能和行为技能两个方面，每个方面又具体细分为三项，共计六项技能，具体内容如表5-2所示。

表5-2　内部审计人员所需技能简要描述

认知技能	技术技能	根据既定规则熟练地工作
	分析技能	识别问题或界定任务并构建典型的解决或执行方案
	鉴别技能	在不确定的条件下做出复杂的、有创意的判断
行为技能	个人技能	能很好地应对挑战、压力、冲突、时间紧迫和变化的环境
	人际技能	通过人际互动取得收获
	组织技能	利用组织网络来取得收获

所谓认知技能，是指一个胜任的内部审计人员必须具备的技术、分析和鉴别技能。其中，技术技能主要是指根据已经制定好的程序开展工作的能力；分析技能是指内部审计人员在开展工作时，要在既定的概念框架指导下，熟练应用分析工具，对资料数据等提供的信息加以充分利用、辨别问题和分类解决问题的能力；鉴别技能是指在复杂或不确定的环境下，灵活做出准确的职业判断的能力。

所谓行为技能，包括个人技能、人际技能和组织技能。其中，个人技能是指内审人员面对挑战、压力、矛盾、时间紧迫性和变化的能力，反映了内部审计人员的态度；人际技能是指内部审计人员在开展工作时应具备一定的倾听、合作、交流、团队管理等人际关系能力；组织技能是指内部审计人员，特别是审计管理者在审计工作中善于评价和利用组织的文化，构建组织内部关系，把内部审计功能最终落实到组织管理的各个环节的技能。

（二）职业知识体系

职业知识体系是实现执业胜任能力标准的保证。因此，国际各职业组织发布的执业胜任能力公告都包含职业知识体系的内容。中国对内部审计人员职业知识体系也一直很重视，《中国内部审计准则》和《内部审计人员后续教育实施办法》等相关条款规定内部审计人员在开展具体审计活动时，要具备相关领域的专业知识，如经营管理、治理结构、风险管理、计算机技术、相关法律知识等。但是，从满足胜任能力要求和面向未来的角度看，这些分散在相关规定中的知识要求还须进一步系统化。从中国内部审计制度背景、中国内部审计准则的要求与现实出发，面向未来和经济全球化的发展趋势，中国内部审计人员职业知识体系可设定为三个部分，即职业基础知识、执业技能知识和职业环境知识。

1. 职业基础知识

职业基础知识是指通过普通教育所获得的一般知识。这些知识为内部审计人员的终身学习和相关专业学习提供了基础。

2. 执业技能知识

执业技能知识是指内部审计人员在执行具体的审计业务时，为达到有效的实务标准的要求和进行合理的职业判断所必须具备的商业、管理、沟通、财务会计与审计、数量方法与信息技术等专门化的知识。

3. 职业环境知识

职业环境知识主要是指内部审计所涉及的制度、准则、法律、政策等方面的知识，中国内部审计人员的职业知识体系如表5-3所示。

表5-3　中国内部审计人员的职业知识体系

	构成	要素
职业知识体系	职业基础知识	经济政策分析基础
		管理经济分析基础
		会计基础
		审计基础
		计算机信息系统基础
	执业技能知识	公司治理
		计算机信息系统审计
		组织行为
		组织战略
		管理会计
		风险管理
		项目管理
		财务管理
		内部审计组织管理
		内部控制
		资产评估
		职业道德标准
		人际关系沟通技巧
	职业环境知识	法律法规
		制度政策
		专业准则应用与分析

第六章　企业业务循环内部审计

第一节　销售与收款循环的内部审计

一、销售价格管理控制的内部审计

销售价格管理控制是对产品定价过程进行合理的管理控制，并在定价后对产品已有的价格进行管理的行为。

（一）关于定价政策内部控制执行情况的审计

依据公司的产品价格管理的要求，销售部门应定期修订下一年的销售价格，并在截止日期前予以公布。销售价格要依据产品成本、现有售价、产品所处的生命周期、产品的毛利率水平等多项因素来制定。销售价格在对外公布前，须由销售部项目经理和资深业务员组成的联合评估小组进行评估，并经总经理核准后才可以执行。

对定价政策内部控制执行情况的审计，内部审计人员应执行如下审计程序：一是确定销售部门是否按相应制度的要求及时、科学地更新企业的价格系统，销售部门获取最新的价格表资料，查核其生效时间及批准权限等相关条款是否符合公司产品价格管理规定的要求；二是确定销售部门制定价格的依据是否合理科学，内部审计人员应审核价格制定过程中的会议记录和部分定价核算的详细过程。由于产品定价方案类材料涉及公司多项最高机密，建议内部审计人员不要借出，而采取现场直接复核的方式，如有疑问，随时询问相应的主管。

（二）关于商品价目表是否及时更新的审计

为了保证新的价格制定能有效执行，销售部门必须在新价格对外公布的同时，通过传真、电子邮件、信件等方式，将最新价目表在第一时间向所有已知和潜在的客户公布。从新价目表生效当日起，所有的订单按新价格执行。

为了确认商品价目表是否及时向所有客户公布，并在其生效后，是否按新价格执行销售程序，内部审计人员应执行如下程序：一是获取销售部存档的宣传单底单，查核确认销售部门是否采用传真、信件等方式向所有确定联系方式的客户发出信件，并通知相应的广告商，确认其对外公布的价格是最新价格；二是抽查签订的合同，复核其交易价格是否最新价目表上的价格。[①]

（三）实际交易价格与价目表价格存在差异的管理控制的审计

由于多种原因，在实际交易过程中会出现交易价格不得不偏离价目表价格的情况。为了合理控制企业经营风险，企业的价格管理制度明确规定：销售业务员与客户谈判时，当报价单上的单价低于业务员报价权限时，须以特殊报价申请单的形式，以书面形式描述合同状况，报上级主管核准后才可执行；如果报价权限超出了本级直接主管的核准权限，须逐级向上申请。

为了确认销售部门的价格管理是否得到了有效控制，内部审计人员应执行如下程序：随机抽查签订的销售合同，对其交易价格与价目表价格进行列表比较，筛选出交易价格低于价目表价格的合同，内部审计人员须对这些特殊合同进行进一步审查。

二、签订销售合同过程控制的内部审计

签订销售合同过程控制的审计，是通过执行有效的审计程序，合理确

①金鑫．企业销售与收款循环内部控制探讨[J]．合作经济与科技，2017（7）：110-111.

定签订合同的全过程中，不相容岗位是否执行了必要的分离，关键的内部控制制度是否得到了执行，销售人员是否存在舞弊行为等。

（一）签订合同过程中“不相容岗位相互分离”的控制制度的审计

按企业内部控制制度设计的要求，在签订销售合同的过程中，与客户进行前期谈判的业务员（至少两人）、签订合同的销售人员、评审合同人员这三类工作岗位必须相互分离控制，从而可以很好地杜绝在签订合同过程中舞弊行为的发生。

为了确认签订合同过程中是否有效地实施了“不相容岗位相互分离”的控制制度，内部审计人员应执行以下审计程序：一是对内部审计人员与销售部门经理就该部门员工分工情况进行详细交谈，了解销售部在内部是否进行了很好的岗位分离控制；二是为了证实岗位分离控制制度是否被有效执行，内部审计人员随机同负责这三个岗位的相关人员进行交流，以确认他们负责各自岗位的工作，并查核他们签订的书面形式材料。

（二）合同签订过程控制的审计

为了保证合同签订规范合理，企业明确规定：拟订立的合同以公司标准的合同范本为基础，签订的合同正式文本必须将客户名称、销售产品的名称、规格、数量、交易价格、付款方式、运输方式、交货地点、发票信息、质量保证期等所有必要条款填写完整，所有的合同均须签署评审意见，并须经销售主管核准，经客户签章确认后，才可执行下一步骤。

为了确认销售部门签订合同过程是否符合公司相关制度，签订的过程是否得到了有效管理和控制，内部审计人员应执行以下审计程序：一是抽样查核签订的销售合同，查核的内容包括合同格式、合同必要条款的填列情况、合同评审意见、销售主管的核准情况和客户的签章情况；二是对于合同中的非常规条款，如客户的预付款明显低于企业的基本要求、产品的质量保证期明显长于企业的正常规定、交货期过短、存在重大违约责任条款等，这些项目可能超出了签订合同的业务员的可控权限，需要被重点关注。在这种情况下，业务员必须做出书面解释（或由客户自己做出书面解释），经相应级次主管核准后才可以与客户确认合同。

三、已经签订合同管理控制的内部审计

销售合同的管理控制是指从合同签订后到合同执行完成的全过程。

（一）合同信息管理控制的审计

按公司的要求，为了规范管理合同资料，当业务员把经审核生效的合同移交给合同执行人员后，合同执行负责人须按规定，先对合同进行连续编号管理，然后通过合同信息登记表详细记录合同的客户名称、产品名称和规格、数量和交货期等重要信息，由提交合同的合同管理人员签字确认，并须依据合同内容填制带编号的、标准格式的销售单，用以作为与公司内部其他部门交流的标准单据。

为了确认合同执行人员是否履行上述管理制度规定的职责，合同的信息是否得到了规范管理，内部审计人员应执行如下审计程序：一是获取合同执行人编制的合同信息登记表，将其与对应的合同进行比对，比对确认合同信息登记表上的信息均正确，并均有记录对应的销售单编号；二是翻阅存档的合同，查看所有合同是否均有编号，且编号连续。

（二）合同档案保管控制的审计

按公司的要求，所有销售合同的保存期限，原则上为10年；如果合同条款有规定，则依合同规定要求保存。在销毁过期合同前，须确认对应的合同信息登记表资料完备，并经合理备份；所有过期合同的销毁，经公司相应负责人核准后才可以执行。

为了确认合同档案管理人员是否按上述规定管理合同档案资料，内部审计人员应执行如下审计程序：一是与合同管理人员交谈，了解合同档案管理情况；二是为了证明合同管理人员谈话的真实性，内部审计人员可在相关人员的带领下参观档案室，确认所有的档案都按年份存放在专用的档案柜中。查阅档案室合同借阅登记记录表，发现员工借阅已经归档的合同，

有详细记录借阅的合同编号、借阅时间、借阅用途、归还时间等内容。

（三）合同执行管理控制的审计

为了确保已经签订的合同能及时交货，销售部门必须实时监控合同执行情况。按企业的要求，合同执行人员应该在收到签核好的合同后，编制一式多联的销售单，及时把合同信息传递给相关部门，并须在合同信息登记表上及时记录合同的执行状态。

为了确认合同执行人员是否确实履行了相应的职责，所有已签订的合同均被有效管控，内部审计人员应执行如下审计程序：一是抽查近期编制的销售单，对其记载的内容与签订合同进行比对查核；二是查看销售单在事前是否连续编号，执行后是否归档管理，是否有专门人员进行定期检查；三是复核合同信息登记表的更新情况，看其所显示的合同状况与合同实际执行状态是否一致。

四、供货和装运货物的内部审计

供货和装运货物的内部审计，就是通过执行必要的审计程序，获取充分证据确认供货和装运阶段没有重大管理漏洞，确认企业此环节遵循了企业供货和装运相关制度。

（一）货物发出前条件确认控制的审计

为了控制经营风险，很多公司的标准合同都设有“预付货款”条款。合同执行人员在执行合同的发货前，需要先与财务部门核对，确认客户已经按合同相关条款的规定，支付了相应比例的预付款后，才能审批销售单，规划发货事宜。

为了确认合同执行人员是否确实履行了其职责，在发货前对合同的付款情况进行了合规性评价，内部审计人员应执行如下审计程序：从装运部门取得已经发货的装运凭证，查找发出货物对应的合同，看这些合同的预付款情况是否符合合同规定。

（二）供货阶段的审计

为了防止仓库在未经授权的情况下擅自发货，企业要求商品仓库只有在收到经过批准的销售单时才能供货。为了确认仓库人员是否确实履行了其职责，内部审计人员应执行如下审计程序：抽查商品出库单，看其是否附有已经批准的销售单。

（三）装运货物的审计

为了确认装运部门人员是否正确执行了发货程序，内部审计人员应执行如下审计程序：随机抽查装运凭证，将装运凭证记载的客户地址、名称、联系电话、联系人、运输产品名称、规格、数量等基本信息，与从仓库提取的商品附有经批准的销售单进行比对，经审核确认，所有装运凭证填列的资料均应正确。

（四）货物发出之后的审计

为了确认在货物发出后的一定时间内，运输业务负责人是否与客户联系，及时做出了书面的收货确认记录，内部审计人员应执行如下的审计程序：与运输业务负责人交谈，了解收货确认的执行情况，且对收货确认相关控制的执行情况进行复核。

五、销售收入的内部审计

为了确认销售的真实性，企业必须在销售实现时开具发票并把发票及时传递给客户。发票不仅是销售方确认收入、收回货款的重要凭证，而且是购货方确认成本费用、据以付款的唯一法律凭证，因此，所有企业都会加强与发票开具及管理相关的内部控制。

（一）发票开具管理控制的审计

为了保证企业销售收入确认的合法、及时，企业必须在货物发出时开具发票，财务相关人员必须依据经相应主管核准的装运凭证、出库单和相应的经批准的销售单开具发票；销售部门须指定专人对发票内容进行必要的审核，以确认开具的发票正确无误。

为了确认上述控制制度是否确实被执行，内部审计人员应执行如下审计程序：一是在不事先告知财务部门开票工作人员的情况下，不定期审查其作业过程，确认其是否在收到合格的装运凭证、出库单和销售单后才开具发票，是否存在仅仅依据合同内容就“凭空销售”的情况；二是查核部分已经开具的发票，随机对其附件资料的完整性和开票信息的准确性进行审核。

（二）已开具发票管理控制的审计

为保证发票被安全管理，所有已开具的发票必须履行《发票登记管理制度》，即在发票被传递给客户前，必须详细登记发票号码、发票抬头、发票总金额和发票传递方式等内容，并由发票经手人签字确认，并须采用安全的方式及时传递给客户。还应要求客户履行必要的签收手续，以杜绝发票丢失和责任不明，导致发票管理混乱的情况出现。

为了确认上述管理制度是否得到了有效实施，内部审计人员应执行如下审计程序：一是抽查发票登记表，核对其登记内容是否与合同记载内容一致，其经手人是否相关人员，以确认发票在被领出传递给客户前，均进行了合理的登记管理；二是从发票登记表的“经手人”栏获取信息，与相关的经手人交谈，了解其向客户送达发票的方式和客户履行签收手续的控制方式，并对经手人执行情况进行查核校验。

（三）发票入账管理控制的审计

为了保证对企业的销售收入能及时、准确地进行记录，企业的财务制度有明确规定：所有已开具的发票必须及时入账不能延后，财务部门负责所有发票的入账管理，由开票人严格管理作废发票。

为了查核财务部门是否按上述规定执行了相应的销售收入入账作业，内部审计人员应执行如下审计程序：随机抽查部分记载销售收入的会计凭证，对其所附的发票进行复核，确认其所附发票都与其记账时间在同一期间，未有延后入账的情况出现。

六、销售折让或销售退回管理控制的审计

销售折让是指企业因售出的货物的质量等给予客户的一种价格减让；销售退回是指企业已经销售出的商品，由于质量、品种等不符合客户要求而发生的退货。由于销售折让和销售退回都给企业造成了直接的经营风险，企业必须制定规范的管理制度对其进行控制。

内部审计人员对销售折让或销售退回的审计，就是通过一定的审计程序，获取必要的审计证据来合理确认销售折让或销售退回是否理由充分，是否得到了必要的核准才执行，被退回的存货是否被按时退回库房和进行必要的修复处理，以免造成更大的损失等。

按公司管理要求，销售业务员当接到客户抱怨确认公司已售产品存在质量问题时，应填写客户抱怨处理单，详细描述产品质量瑕疵，然后将其移交技术部人员和生产部的质量检验人员，由他们做出专业判断，并就处理方式给出书面建议，建议内容要涉及维修后产品功能效果预测和相应的成本测算。确实要通过折让方式或退货方式才可执行完合同的，须由销售业务员、客户、技术部门主管、质量检验部门主管确认，经总经理核准后才可执行。客户抱怨处理单执行完毕后须将与财务相关的资料移交给财务部门，以便其及时做出相应的账务处理。客户抱怨处理单应规定处理时长，结案的客户抱怨处理单的原始单据由相应部门保管存档，以便做年度统计分析。

为了确认出现销售折让或销售退回时，企业的各相关单位确实履行了其职责，对销售折让或销售退回做了必要的控制管理，内部审计人员应执行如下审计程序：随机抽查客户抱怨处理单，对其各项内容进行逐一审核，以确认在公司已售产品出现客户抱怨、销售折让或销售退回时，企业的各相关单位均要按相应管理文件的要求，确实履行本人和本部门的职责。

七、销售与收款循环的内部审计案例介绍

（一）背景介绍

Z公司成立于2002年5月24日，由G投资公司、F电器集团和K咨询公

司共同发起设立，注册资本2亿元人民币。主营业务为电视机的生产与销售；计算机销售及软硬件维护业务；高科技产业投资，高科技产品的研制、生产、经销及相关技术服务。2023年，股东派出审计组，对Z公司2022年度财务报表进行常规内部审计，本案例主要反映销售与收款环节的审计过程及相关问题。

本次审计组组长为郑×，李×、张×、刘×为组员。在编制审计计划时，郑×根据以往对Z公司重要性水平的控制，对主营业务收入的重要性水平定为5万元。根据分工，审计人员刘×负责主营业务收入的审计测试与取证工作。

（二）审计过程

1. 对主营业务收入环节进行风险评估和控制测试

Z公司主要经营电器类产品和家用电脑，从目前行业发展和竞争情况来看，此类产品竞争较为激烈，产品更新换代较快。Z公司核心技术不占据优势地位，自主研发能力较差，所以其面临的经营风险较高，公司整体重大错报风险水平较高。

根据Z公司近三年的部分主要财务指标，审计人员刘×进行了趋势分析，具体数值见表6-1。

表6-1 Z公司财务指标表(单位:万元)

<table>
<tr><td colspan="2">被审计单位名称</td><td colspan="2">财务报表期间</td><td>工作底稿索引号</td></tr>
<tr><td colspan="2">Z公司</td><td colspan="2">2022年度</td><td>D1-1</td></tr>
<tr><td colspan="5">编制人及复核人员签字：</td></tr>
<tr><td colspan="2">编制人:刘×</td><td colspan="3">日期:2023年1月16日</td></tr>
<tr><td colspan="2">复核人:郑×</td><td colspan="3">日期:2023年2月1日</td></tr>
<tr><td>项目</td><td>2020年(已审)</td><td>2021年(已审)</td><td>2022年(未审)</td><td>备注</td></tr>
<tr><td>主营业务收入</td><td>56 302</td><td>53 200</td><td>51 400</td><td></td></tr>
<tr><td>主营业务成本</td><td>48 900</td><td>47 600</td><td>43 000</td><td></td></tr>
</table>

续表

项目	2020年（已审）	2021年（已审）	2022年（未审）	备注
毛利率	13.15%	10.53%	16.34%	
销售费用	1 620	1 750	1 600	
管理费用	1 960	2 100	2 200	
净利润	1 240	1 256	1 623	
应收账款	1 200	1 250	2 100	
存货	2 600	6 700	6 100	
每股净利润	0.61	0.54	0.56	
净资产收益率	3.88%	3.49%	4.51%	

从Z公司近三年的财务指标看，主营业务收入呈现下降趋势，这与国产家用电器的整体走势一致。毛利率2021年比2020年有所降低，但2022年比2021年呈现较高增长，而全国市场的家电和电脑的实际价格呈现下降趋势，这引起了审计人员的关注，于是，审计人员决定将主营业务收入作为审计重点。销售费用变化不大；管理费用增加较多；应收账款近三年呈增长趋势，尤其2022年比2021年增加了850万元，增幅达到了68%；而同期主营业务收入的增幅为-3.38%，出现了相反的变化；而存货相对来说变化不大。每股净利润变化不大；净资产收益率2022年比2021年有较大幅度的增加。根据审计计划的要求，刘×对销售与收款循环进行了控制测试。审计人员首先通过使用调查表等方法对Z公司销售与收款循环的内部控制进行了调查了解，调查表如表6-2所示。初步认为该公司的内部控制具有一定的有效性。刘×运用抽查凭证法、实地考察法等对销售与收款循环的内部控制进行了一定范围的控制测试，并在此基础上，对其进行了评价。

表6-2 销售与收款内部控制调查

被审计单位名称	财务报表期间		工作底稿索引号		
Z公司	2022年度		J1		
编制人及复核人员签字：					
编制人：刘×	日期：2023年1月16日				
复核人：郑×	日期：2023年2月1日				
调查问题	调查结果				备注
	是	否	弱	不适用	
是否有专门人员处理客户订单？	√				
是否在每次销售前检查顾客的信用情况，并由授权部门审批赊销金额？	√				
对已接受的顾客订单，是否由业务部门编制已经连续编号的销售通知单？	√				
是否根据销售通知单填写出库单？	√				
出库单是否连续编号？	√				
货物装运是否与销售通知单核对？		√			
销售发票是否由专人负责保管，并对开具的发票由其他人员独立复核？	√				
作废的发票是否加盖“作废”戳记，并保留在发票本上？			√		
销售发票是否按号连续记入主营业务收入日记账？	√				
主营业务收入总账、明细账和应收账款总账、明细账及款项的收回的登记是否分离？	√				
销售、应收账款明细账和总账是否定期核对？		√			
是否定期与顾客核对应收账款明细账？		√			
销售退回和折让是否经授权的销售人员批准？			√		

刘×抽取20%的销售发票作为样本进行检查。销售发票是非常重要的原始凭证，是向顾客收取货款、登记有关销售账户和应收账款总账和明细账的依据。刘×在选取样本之前，首先检查了发票上的存根是否完整，并从发票日期判断是否按顺序开具发票。随机抽取发票并进行了检查。测试过程记录如表6-3所示。

表6-3 销售发票控制测试过程

<table>
<tr><td colspan="2">被审计单位名称</td><td>财务报表期间</td><td colspan="2">工作底稿索引号</td></tr>
<tr><td colspan="2">Z公司</td><td>2022年度</td><td colspan="2">J1-1</td></tr>
<tr><td colspan="5">编制人及复核人员签字：</td></tr>
<tr><td colspan="3">编制人：刘×</td><td colspan="2">日期：2023年1月16日</td></tr>
<tr><td colspan="3">复核人：郑×</td><td colspan="2">日期：2023年2月1日</td></tr>
<tr><td>序号</td><td colspan="3">测试过程记录</td><td>备注</td></tr>
<tr><td>1</td><td colspan="3">抽取6月开出的所有销售发票，发现编号连续，无缺号，有2张作废发票，均盖有“作废”印章</td><td></td></tr>
<tr><td>2</td><td colspan="3">随机抽取2022年开出的销售发票200份，与销售合同、销售通知单、商品价目表、主营业务收入明细账和应收账款明细账等进行核对，合同内容、销售数量、销售价格和金额相互之间相符率比较高，但发现有2张销售发票与销售合同、销售通知单金额不符</td><td></td></tr>
<tr><td>3</td><td colspan="3">将发运单、装货单和销售发票核对，发现有已经开出销售发票但无发运单和装货单的情形，误差比率为3%</td><td></td></tr>
<tr><td>4</td><td colspan="3">1—12月折让业务发生3笔，均由销售经理批准。有14笔销售退回业务，附有红字销售发票，但有2笔无主管人员签字，有对方税务部门开具的有关证明，会计处理恰当</td><td></td></tr>
</table>

从上述控制测试结果来看，Z公司销售与收款循环内部控制得到了执行，但在有些控制环节依然存在风险。从内部控制调查表和控制测试中可以发现，Z公司销售发票的开具与发运单、装货单的核对机制较弱，致使出现了销售发票与相关凭据不符的情形，为销售发票的虚开提供了可能；应收款项未能定期与客户核对，应收款项的管理较为混乱。

2．对主营业务收入环节实施实质性程序

审计人员根据上述风险评估和控制测试，对销售和收款循环实施了相应的实质性程序。

（1）对主营业务收入进行分析程序，发现主营业务收入可能虚记：根据对Z公司的财务指标综合分析和风险评估结果，审计人员怀疑Z公司可能存在主营业务收入和应收账款高估问题，决定将审计重点放在主营业务收入和应收账款上。审计人员编制主营业务收入明细表，如表6-4所示。

表6-4 主营业务收入明细(单位:万元)

被审计单位名称		财务报表期间		工作底稿索引号
Z公司		2022年度		J1-2
编制人及复核人员签字:				
编制人:刘×			日期:2023年1月16日	
复核人:郑×			日期:2023年2月1日	
月份	合计金额	电视机销售收入	家用空调销售收入	电脑及配件销售收入
1	6 320	4 300	1 300	720
2	2 770	1 100	1 200	470
3	2 820	1 400	1 000	420
4	2 820	1 200	1 300	320
5	2 900	1 400	1 000	500
6	2 840	1 000	1 300	540
7	3 250	1 100	1 600	550
8	2 620	1 000	1 000	620
9	3 400	2 100	1 000	300
10	2 670	1 000	1 000	670
11	6 820	2 500	4 000	320
12	12 170	6 000	5 300	870
合计	51 400	24 100	21 000	6 300

如表6-4所示的数据可见，电视机和家用空调的销售收入11—12月增幅较大，电视机年底出现旺销的情形可以理解，但空调和制冷设备在冬季的销量一般会低于在夏季的销量。由分析可见，年底两种产品销售可能存在高估的问题。

(2) 进行凭证抽查，发现收入虚记的确切证据：审计人员根据销售明细账的记录，分别抽查了1—12月的记账凭证共300张，对11月和12月进行了重点抽查，在凭证抽查中将记账凭证与销售发票、出库单、货运凭证、运费单据及销售合同分别进行核对，发现不符单据共6张。同时，对这些单据不符及金额较大、有一定疑问的应收账款进行函证。从回函结果来看，其中有两个经销商经两次函证均未回函，让Z公司提供其他联系方式，对方予以拒绝，且无法查找到对方电话号码，审计人员对这两个客户资料进行进一步整理，发现Z公司的这两个客户为新的销售对象，11—12月的累计销售额分别为200万元和120万元，均为赊销，款项未曾收回。审计人员将相关信息与会计人员进行沟通后，会计人员承认对这两个客户的销售为虚构，客户根本不存在，合同也系伪造；对其他经常供货的客户进行函证后，发现有4家客户回函称Z公司记录的债权数高于对方的记录，合计金额为117万元。对Z公司可能存在销售及应收账款多记问题，审计人员同时对存货明细账和期末结转主营业务成本的资料进行分析，发现成本结转的数量与销售数量有较大差距，11—12月的销售额明显高于前几个月的销售额，但成本结转数却无明显变化，可能存在虚假出库单。审计人员编制毛利率测算表，如表6-5所示。

表6-5　毛利率测算(单位:万元)

<table>
<tr><td colspan="2">被审计单位名称</td><td colspan="2">财务报表期间</td><td>工作底稿索引号</td></tr>
<tr><td colspan="2">Z公司</td><td colspan="2">2022年度</td><td>J1-3</td></tr>
<tr><td colspan="5">编制人及复核人员签字:</td></tr>
<tr><td colspan="3">编制人:刘×</td><td colspan="2">日期:2023年1月16日</td></tr>
<tr><td colspan="3">复核人:郑×</td><td colspan="2">日期:2023年2月1日</td></tr>
<tr><td>月份</td><td>收入</td><td>成本</td><td>毛利率(%)</td><td>注释</td></tr>
<tr><td>1</td><td>6 320</td><td>5 160</td><td>18.35</td><td></td></tr>
<tr><td>2</td><td>2 770</td><td>2 440</td><td>11.91</td><td></td></tr>
<tr><td>3</td><td>2 820</td><td>2 530</td><td>10.28</td><td></td></tr>
<tr><td>4</td><td>2 820</td><td>2 530</td><td>10.28</td><td></td></tr>
<tr><td>5</td><td>2 900</td><td>2 590</td><td>10.69</td><td></td></tr>
<tr><td>6</td><td>2 840</td><td>2 515</td><td>11.44</td><td></td></tr>
<tr><td>7</td><td>3 250</td><td>2 890</td><td>11.08</td><td></td></tr>
<tr><td>8</td><td>2 620</td><td>2 280</td><td>12.98</td><td></td></tr>
<tr><td>9</td><td>3 400</td><td>3 085</td><td>9.26</td><td></td></tr>
</table>

续表

月份	收入	成本	毛利率(%)	注释
10	2 320	2 080	10.34	
11	7 170	6 000	16.32	
12	12 170	8 900	26.87	
合计	51 400	43 000	16.34	

审计人员经与Z公司财务人员和销售人员调查核实，确实存在销售虚记的情况，经多方确认后，本期多记主营业务收入共计430万元，增值税销项税额73.1万元，同时多记应收账款5 031万元，但该部分销售成本并未结转，使本期销售毛利较上年有较大增幅，并影响当期的利润额。对此，审计人员应调整被审计单位2022年度会计报表中有关项目。假设Z公司为增值税一般纳税人，税率为13%。

审计人员调整分录为：

借：主营业务收入　　4 300 000

　　应交税费—应交增值税（销项税额）　　559 000

　　贷：应收账款　　4 859 000

审计人员实施凭证抽查程序时还发现下列几笔销售业务。

向A销售计算机：Z公司销售给A公司计算机设备一套，价款351万元。销售合同约定，签订合同时A公司向Z公司支付价款100万元，设备运行1个月后支付剩余价款，交货时间为2022年11月5日。实际执行情况为：Z公司于2022年11月5日发货，运行1个月后，没有出现质量问题。截至2022年12月25日，Z公司共收到货款251万元，确认营业收入251万元。根据合同内容及主营业务收入的确认原则，Z公司应在2022年12月5日后确认全部收入，而不应按实收货款金额确认收入。

向G公司销售计算机业务：Z公司于2022年12月20日向G公司销售计算机设备一批，价款117万元。由于该计算机设备未能按照G公司的要求安装其所需的软件，双方于2023年1月29日达成协议，Z公司向G公司提供5%的销售折让。该笔销售已经于2022年入账，销售折让问题在2023年1月账务中反映。上述发生的销售折让为已确认收入的销售折让，属于资产负债表日后事项，按照《企业会计准则第29号资产负债表日后事项》的规定，应当调整2022年资产负债表日报表金额。此销售折让问题不应在2023年1月反映，而应调整2022年12月20日发生的该笔主营业务收入。

（3）审查收入确认和关联方交易，发现价格高估行为：审计人员在对销售明细账和销售发票的抽查过程中还发现，Z公司对关联方S电器集团的销售额为13 200万元，占同期主营业务收入总额的26%，从发票所列的销售单价来看，同种产品的价格明显高于其他客户的价格。若按对非关联方的加权平均价格对S电器集团的销售重新计算，主营业务收入应为13 100万元，多记了100万元。对于这部分多记的金额，按照《企业会计准则第36号——关联方披露》的有关规定，Z公司与S电器集团的关联方交易应当在报表附注中予以详细披露，披露关联方关系的性质、交易类型及交易要素。Z公司为S电器集团的母公司，此次交易类型为购买或销售商品，交易要素至少应当包括交易的金额；未结算项目的金额、条款和条件，以及有关提供或取得担保的信息；未结算应收项目的坏账准备金额；定价政策。因此，Z公司只有在提供确凿证据的情况下，才能披露此次关联方交易是公平交易。

（4）进行销售截止性测试，发现主营业务收入入账期间不恰当：为了确认Z公司主营业务收入和应收账款的截止期是否正确，审计人员对2022年12月的最后4笔销售和2023年1月前4笔销售的相关凭证进行了抽查，抽查记录见下列审计工作底稿，如表6-6所示。

表6-6　主营业务收入截止性测试

<table>
<tr><td colspan="3">被审计单位名称</td><td colspan="3">财务报表期间</td><td colspan="2">工作底稿索引号</td></tr>
<tr><td colspan="3">Z公司</td><td colspan="3">2022年度</td><td colspan="2">J1-4</td></tr>
<tr><td colspan="8">编制人及复核人员签字：</td></tr>
<tr><td colspan="4">编制人：刘×</td><td colspan="4">日期：2023年1月16日</td></tr>
<tr><td colspan="4">复核人：郑×</td><td colspan="4">日期：2023年2月1日</td></tr>
<tr><td>发票记录</td><td>记账凭证</td><td colspan="5">出库单</td><td rowspan="2">备注</td></tr>
<tr><td>编号</td><td>日期</td><td>数量</td><td>金额（含税）</td><td>日期</td><td>编号</td><td>日期</td></tr>
<tr><td>1542</td><td>2022.12.20</td><td>35</td><td>23 400</td><td>2022.12.22</td><td>转字125</td><td>2023.1.20</td><td>需调整</td></tr>
<tr><td>1543</td><td>2022.12.25</td><td>38</td><td>18 900</td><td>2022.12.26</td><td>银收字56</td><td>2023.12.25</td><td></td></tr>
<tr><td>1544</td><td>2022.12.28</td><td>90</td><td>72 540</td><td>2022.12.29</td><td>转字140</td><td>2023.1.14</td><td>需调整</td></tr>
<tr><td>1545</td><td>2022.12.31</td><td>68</td><td>48 300</td><td>2023.1.5</td><td>转字18</td><td>2023.1.1</td><td></td></tr>
<tr><td>1546</td><td>2023.1.5</td><td>35</td><td>24 000</td><td>2023.1.7</td><td>转字23</td><td>2023.1.5</td><td></td></tr>
<tr><td>……</td><td></td><td></td><td></td><td></td><td></td><td></td><td></td></tr>
</table>

将发票编号为1543和1545的销售与销售合同进行核对，发现合同规定供货日期为2023年1月，同时，出库单上显示的出库时间也为2023年1月，但Z公司将这两笔业务记入了2022年度。

（三）审计结论

审计人员总结Z公司销售与收款循环审计中发现问题如下。

1．开具发票、发运单、装货单之间的信息传递与核对的控制存在漏洞，导致虚开发票的问题，进而导致收入金额误报。

2．缺乏收入截止性信息收集、确认的控制程序，导致主营业务收入入账期间不恰当。

3. 向关联方销售价格高估。

针对上述问题，审计人员与Z公司财务部门和总经理进行沟通，要求Z公司：第一，对多记收入进行相关账务调整；第二，尽快完善与销售及收款循环相关的内部控制；第三，在编制财务报告时，按规定对关联方交易价格进行相应披露。

第二节 采购与付款循环的内部审计

采购与付款循环的内部审计，即对整个采购与付款业务流程的内部控制进行合理评价，同时通过合理监督，找出此业务流程中存在的问题和缺陷，并针对这些问题提出合理的改进建议，使得此业务流程被合理、科学地控制。通过前面对关于采购与付款循环的主要业务流程和内部控制的介绍，采购与付款循环的内部审计大体上可以分成采购过程的内部审计和付款业务的内部审计。我们顺着采购与付款循环主要业务流程，逐一评价、审核各个步骤的合理性、规范性和被控制状况。

一、拟采购物料品种和数量控制的审计

为了对拟采购物料的品种和数量进行有效控制，企业一般都通过“设定安全库存”“请购需要核准”等控制方式来对请购环节进行控制。内部审计人员对其重点审计确认“所有请购是否均经核准后才转到采购员手中”和“所有关键性物料是否均在安全库存以上”等。

为了确认被审计单位在订购所有物料前均已有效请购，内部审计人员应执行如下审计程序：随机抽查已经发出的订购单，逐一核对每一张订购单上各个拟订购项目对应的请购单，查核确认每一项订购内容（包括原物料的品种、规格、数量、交货期等）都是请购单位请购的，并且请购单均经各请购部门的主管核准。

为了确认采购部门有效确保关键性物料的及时采购，内部审计人员应执行如下审计程序：随机抽查了关键性原物料目前的库存数及订购状态，与安全库存量进行比对分析，查核确认企业所有关键性物料均有执行安全库存管理制度。

二、订购单价控制的审计

采购过程中，当确定采购物料的品种和数量后，采购人员向厂商下达订单前，还有一个最重要的工作就是确定各项拟采购物料的单价。为了降低企业生产成本，同时对采购人员进行合理监督，企业一般会采取包括“授权批准控制”和“文件记录控制”等控制方式对采购单价进行适当的监督，具体包括：厂商单价一经变动，必须经适当核准才可生效；同一物料，须开发多家供应厂商同时供货；同一物料，有多家可选择的合格厂商时，要选择单价较低、交货期较好的厂商下达订购单等。

为了确认厂商单价发生变动时，均经核准后才生效，内部审计人员应执行如下审计程序：对记录资料单价变动记录表进行顺查、逆查，即随机抽查单价变动记录表，以该表被核准的日期为界，往回查订购单，看其交易单价是否为原价；再往后查订购单，看其交易单价是否为新单价。通过查核确认，所有厂商单价发生变动时，均经核准后才执行新单价。

为了确认“针对同一物料，有多家可选择的合格厂商时，要选择单价较低的厂商下达订购单”的内部管理制度得到有效执行，内部审计人员应执行如下审计程序：随机抽查多家合格厂商的原物料的订购情况，查核确认其有效执行了上述内部管理制度。

三、拟采购物料总金额控制的审计

按原物料管理的一般要求，企业对任何一类物品的采购都应该把握适当的量，因为每次订购的物品太少会影响采购部门的工作效率；而一次性采购过多，就会增加库房存放、管理原物料的成本，同时又会占用企业大量资金，对于那些具有独立特点的产成品对应的原物料，如果产成品发生外观、功能等方面的变化，易导致原物料的呆滞。

企业一般会通过“订购单达到一定金额时，需要特别核准”等“授权批准”的内部控制方式来控制采购可能给企业带来的存货管理风险。内部审计人员对这一内部控制制度的执行情况应进行如下审计程序：随机抽查总订购金额在某一设定金额以上的订购单，抽核该所有订购单均经总经理核准后才向厂商下订单。

四、订购单交期控制的审计

采购人员在向厂商订货时，需要充分考虑不同原料物的安全库存和交货前置期，要在尚有部分库存前就下订单，下订单前还要考虑原料物到达本企业的运输、检验时间。因此，按期采购回来生产需要的原料物，是内部控制体系要控制的重要内容。

企业一般会采用“交期达成率指标”来考核采购人员的工作状态。交期达成率是指一定期间内，企业已经订购的物料中，拟订交期内实际已经交货的批数除以应交货的总批数。这一比率越高，表明厂商交货越及时。对于订购单交期控制的审计，就是审核企业订单是否存在延期交货的原料物，其交货达成率是否实现了既定目标等的过程。

为了确认订单传递给厂商前，设定了合理交期。内部审计人员应执行如下审计程序：随机抽查已订未交的订购单，针对其中的关键性原物料的交期进行评价，查核确认所有关键性物料的设定交期均达到公司设定的交货期。

为了审核采购人员督促厂商交货的努力程度，内部审计人员应执行如下审计程序：汇总统计关键性原料物和非关键性原料物的实际交货达成率，并与标准达成率进行比较，分析其产生差异的原因，查核确认采购部门对订购单的交期进行了很好的控制。

五、应付账款入账控制的审计

通常情况下，企业需要收到经检验合格的货物并取得厂商提供的发票后才能入账。内部审计人员对应付账款入账的审计，就是要确认所有已经入账的应付账款是否均有合法、有效的发票，其入账是否及时，入账时是否均经过验收入库等。

为了审计企业的应付账款是否及时、真实、正确，内部审计人员应执行如下审计程序：从应付账款明细账出发，随机抽查应付账款入账时对应的原始凭单，查核其是否取得合法发票，是否已经办理入库手续，并查核其入账时间是否及时等。

六、应付账款付款控制的审计

为了保证应付账款付款能有效地被控制，企业应该在规定的期间内与厂商进行对账，并会设定付款前要合理核准、付款后要进行完整记录等。

为了审计企业的应付账款付款均正确，内部审计人员应执行如下审计程序：一是从财务部门获取应付账款明细表，对近半年以来应付账款的借贷发生额和余额进行重新计算，确认各明细项目的余额均正确；加总所有应付账款明细项目的余额，确认其合计数正确，并与报表数、总账数进行核对，确认账账、账表都相符；二是从采购部门获取最近一次的采购部门与厂商的对账结果，抽查交易频繁的厂商的应付余额，与财务明细账进行核对，经审核确认，所有厂商的对账单确认的余额与财务明细账余额均相符；三是确认所有已付款的应付账款是否均经核准，内部审计人员应随机抽核已付款的应付账款对应的核准情况，经查核确认，所有的应付账款在付款前均经公司总经理核准后才付款。

七、长期挂账的应付账款的审计

正常情况下，企业不应该存在长期挂账的应付账款，因为企业的应付账款就是厂商的应收账款。如果企业存在长期未付的应付账款，则可能表明企业缺乏偿债能力或利用应付账款隐瞒利润，也有可能是存在记账错误和付款错误等情况。

为了确认企业应付账款的账龄是否合理，内部审计人员应执行如下审计程序：先执行分析程序，将本期应付账款余额与上年同期的进行比较，分析其波动原因，以确认是否存在故意延后付款的情况。

为了对长期挂账的应付账款进行审计，内部审计人员应执行如下审计程序：对应付账款明细账进行排序筛查，将账龄较长、没有付款记录的应付账款进行逐一分析，要求采购部门做出解释。内部审计人员应了解所有长期挂账的应付账款的原因，并提出合理的改善建议。通过对这一项目的后续审计，对查核中发现的问题的改善情况进行追踪确认，从而改善企业对应付账款的管理，降低应付账款长期挂账给企业带来短期内集中付款的风险。

八、未入账的应付账款的审计

查找未入账的应付账款，最有效的方式有两种：一种是查看报表日后的应付账款入账时对应的发票和入库单，如果其发票和入库单都是上一会计期间的，则可以认定企业在报告期内存在未入账的应付账款；另一种是对应付账款进行函证，一般情况下，应付账款不需要函证，因为函证不能保证查出所有未记录的应付账款，况且内部审计人员能通过取得的购货发票等外部原始凭证来证实应付账款的真实性和完整性。

如果企业内部控制风险较高，或某应付账款账户金额很大，且较长时期没有还款记录，企业又处于现金流较困难时期，则须考虑对应付账款进行函证。应付账款的函证对象一般选择应付账款余额较大的债权人，或者余额不大，但是债务账龄较长的债权人。函证最好采用肯定的形式，即在给厂商的函证文件上注明具体的应付金额。函证过程中，如果存在未回函的重大项目，内部审计人员应执行其他替代审计程序：一是检查资产负债表日后收到的购货发票，确认其入账的时间是否正确，是否存在故意延后入账的情况；二是检查报表日后应付账款明细账及现金和银行存款日记账，核实是否存在前期未记账、本期却有支付的应付账款等。

为了确认企业是否隐瞒大额债务，内部审计人员有时需要依据全年应付账款明细账的发生额，选择那些在资产负债表日虽然余额不大（甚至为零），但与企业业务往来频繁，是企业重要厂商的债权人进行函证。

九、采购与付款循环的内部审计案例介绍

（一）背景介绍

A集团公司成立于1998年，于2004年在上海证券交易所正式挂牌上市。A集团公司是中国IT行业的领导集团，同时也是建立在国内的业务覆

盖范围遍及本土和周边国家的大型服务商。随着业务规模不断扩大和发展，当前A集团公司的业务范围包括了产品应用软件开发和软件系统的集成等多种直销或分销服务，其是以高端计算系统为基础的行业大数据和服务提供商，是贯穿企业IT建设生命周期的“一站式”服务商。A集团公司合并层面近五年财务状况见表6-7。

表6-7　2018—2022年财务状况

人民币（千元）	2018年	2019年	2020年	2021年	2022年
销售收入	5 083 873.52	4 816 016.51	4 816 016.51	4 278 544.51	4 792 983.05
营业利润	256 972.09	36 760.81	36 760.81	93 989.47	72 488.57
营业利润率	5.05%	0.76%	0.76%	2.20%	1.51%
净利润	244 844.18	50 611.19	50 611.19	105 468.34	106 311.64
经营活动现金净流量	−286 966.95	323 936.08	323 936.08	276 488.02	331 723.70
总资产	4 208 044.25	5 707 364.54	5 707 364.54	6 608 118.57	6 777 633.68
总负债	1 761 356.84	3 210 165.65	3 210 165.65	3 949 569.82	3 940 664.46
所有者权益	2 446 687.41	2 497 198.89	2 497 198.89	2 658 548.76	2 836 969.21
资产负债率	41.86%	56.25%	56.25%	59.77%	58.14%
净资产收益率	10.01%	6.73%	2.03%	3.97%	3.75%

上述的2018—2022年的财务数据显示：A集团公司资产负债率在平稳增长的同时有所波动，净资产收益率从2019年开始下滑较为明显，收入规模和净利润均有放缓的趋势。主要原因是随着公司经营规模和业务范围不断扩大，A集团公司产品线的延伸，成员企业逐渐增加，组织架构日益复杂，对其经营管理提出了更高挑战。A集团公司的管理层在经营和管理上需要不断调整以适应公司业务发展和转型的需要。与此同时，内部审计机构的重要性也日益凸显，它不再单纯地扮演传统内部审计的监督检查的职能角色，而是向增值型内部审计发展了。

为进一步完善A集团公司采购管理制度及采购流程，促进建立和健全内部控制制度，提高工作效率和有效控制成本，促进企业组织价值增值，根据2023年第三季度的工作安排，内部审计部门依据《内部控制手册》

《商务质量分册》及相关管理制度，对供应链管理中心2023年1—7月的采购情况和采购管理进行了审计抽查。

A集团公司有采购权限的部门为供应链管理中心和服务运营中心。供应链管理中心负责的采购主要分为下单、指定供货、招标、其他四种采购方式；现有员工10名，其中，采购总监、采购主管各1名，采购专员共9名（含采购主管）；主要负责销售订单中所有产品类采购、原厂下单、关联公司采购、公司固定资产中的IT类产品及无形资产的采购，均通过线上操作流程进行审批。根据采购数据统计，供应链管理中心2023年1~7月的采购合同金额为885 867 234.17元。

（二）审计重点

第一，是否制定采购管理制度及相关流程并有效执行。

第二，采购合同的签署、审批、履行等主要业务环节的内部控制是否有效运行。

第三，查阅询价记录是否有书面记录并存档，是否作为采购合同审批的依据。

第四，检查经过审批的采购合同约定的付款方式与实际付款方式的一致性，以及最终交付物或服务的验收情况。

第五，采购需求是否合理、及时，是否得到有效批准。

第六，采购合同审批及指定供货流程审批是否按照审批权限进行。

第七，《供应商管理制度》是否有效控制和运行。

第八，检查提前执行项目的采购订单是否经有效审批。

第九，查询招标系统，是否采购合同审批表与招标结果分析保持一致。

（三）审计发现问题及建议

1．进一步规范公司的招标采购流程

在抽查过程中，15个招标单号的中标金额合计为6 285 430.00元，占总招标采购金额的64.22%；发现参与投标公司基本固定在恒兴思创、阳光节点、鸿昌伟业、有力慧恒、长信时代五家公司；经企业信用查询恒兴思创经营期较短、规模较小；获取现有的《招标管理办法及流程》为2009年建立的流程，流程制度已不符合现有的实际业务流程。

改进建议：其他类型采购中对于沿用招标结果，应制定相应的制度文档或经过上级领导审批的文件以确定时效、价格及范围。关于招标采购管理规范化，应制定《招标采购管理制度规范》。

2．进一步完善询价比价议价机制

在抽查过程中，我们查询系统上传的相关附件，在指定采购与非指定采购的采购合同审批环节基本未见询价记录相关附件上传系统。目前获取的两份邮件询价记录为在供应商邮件报价的基础上讨价还价，市场价格信息调查工作比重较少。

改进建议：首先，根据适用原则制定《采购询价比价议价管理办法》；其次，采购专员在询价比价议价环节应有完整的记录过程，建议及时将相关附件上传系统以便于各级领导进行电子流程审批；如因销售订单的采购需求无法询价或者无须询价的应在采购合同审批环节说明具体原因。

3．进一步规范指定供货流程

在抽查过程中，我们发现目前服务订单中主要为指定供货商，采购服务订单中部分业务的特殊性未按照合同标的与其他供货商的报价进行对比，未将询得的正常采购价格在“指定的供货流程”上进行填写。

改进建议：根据指定供货流程，建议将正常采购价格及确认的指定价格，一并在“指定的供货流程”上进行准确填写，以便于各级领导进行电子流程签批。

4．进一步加强供应商管理制度的有效运行

根据《内部控制手册》，我们发现采购部门未按照供应商管理制度对供应商进行年度评审，未执行经过相关管理层审批后确定合格的供应商清单。此外，我们发现存在首次合作的供应商，未严格按照供应商填写“供应商信息登记表”，未按照表中的要求提供盖章文件以及对被指定供应商信息进行存档。

改进建议：采购管理层面建议从供应商重要性出发，倡导与供应商建立长期、稳定、“双赢”的合作模式，使供应商认可A集团公司的商务模式；指定与非指定供应商须做日常管理，建议按照供应商管理制度对供应商进行年度评审，经过相关层级审批后确定合格的供应商清单，进一步优化供应商，提高供应商管理效益，获取供应商对A集团公司的支持与配合。

5. 执行备件采购的预招标

备件采购属于日常零散采购业务，金额少、采购次数多，价格询价机制未统一规范，为提高服务运营中心的工作效率，有效控制成本和加强备件管理中心的管理规范，与备件管理中心一致认可执行备件采购网上招标系统进行预招标，因备件采购各品种属性及采购需求特征，难以执行备件采购预覆盖率80%～100%，故预先执行覆盖率70%的预招标。

改进建议：因预招标重新执行，建议制定《备件预招标操作手册》《备件预招标管理办法》等制度规范进行有效控制并运行。

第三节 投资与筹资循环的内部审计

一、投资活动的内部审计

企业投资部门对外投资以前，应根据定期的财务分析报告编制详细的投资计划。投资计划在正式执行前必须根据已建立的授权审批制度进行严格的审批。企业一般委托证券经纪人从事证券投资行为。企业的投资部门应根据已审批的投资计划编制投资指令；证券经纪人根据投资指令进行相应的操作；财务部门根据证券经纪人传递回来的成交通知书或与被投资企业签订的投资协议进行相应的会计处理。在此，我们根据投资活动的控制目标逐一评价，审核其合理性、规范性和被控制状况。

（一）投资活动真实性的审计

第一，为了确认投资业务是否经过授权审批，内部审计人员应执行如下审计程序：获取投资的授权批文，检查权限是否恰当，手续是否齐全。

第二，为了确认投资业务是否为确实存在的投资，内部审计人员应执行如下审计程序：获取与被投资单位签订的合同、协议，检查其是否合理有效；获取被投资单位的投资证明，检查其是否合理有效。

第三，为了确认投资账面余额是否为资产负债表日确实存在的投资，投资收益（或损失）是否由被审期间实际事项引起，内部审计人员应执行如下审计程序：获取或编制投资明细表，复核加计正确，并与报表数、总张数和明细账合计数核对相符；也可以向被投资单位函证投资金额、持股比例及发放股利情况。

（二）投资活动完整性的审计

第一，为了确认投资业务的会计记录与授权，执行和保管等方面是否明确职责分工；并且是否健全投资资产的保管制度，或者是否委托专门机构保管，或者是否在内部建立至少两名人员的联合控制制度，投资资产的存取是否均有详细记录和签名，内部审计人员应执行如下审计程序：观察并描述业务的职责分工；了解投资资产的保管制度，检查被审计单位自行保管时，存取投资资产是否进行详细的记录并由所有经手人员签字。

第二，为了确认投资增减变动及其收益损失是否均登记入账，内部审计人员应执行如下审计程序：检查年度内增减变动的原始凭证，对于增加项目要核实其入账基础是否符合有关规定，会计处理是否正确；对于减少的项目要核实其变动原因及授权批准手续。

（三）投资活动所有权的审计

第一，为了核实内部审计人员或其他不参与投资业务的人员是否定期盘点投资资产，检查其是否为企业实际拥有，内部审计人员应执行如下审计程序：了解企业是否定期进行投资资产的盘点、审阅盘核报告；且对于审阅盘核报告，检查盘点方法是否恰当，盘点结果与会计记录核对情况以及出现差异的处理是否合规。

第二，为了确认投资业务是否均为被审计单位所有，内部审计人员应执行如下审计程序：盘点投资资产；或向委托的专门保管机构函证，以证实投资资产是否真实存在。

（四）投资活动计价和分摊的审计

第一，按企业规定的要求，企业应对投资业务建立详尽的会计核算制度，按每一种投资资产分别设立明细账，详细记录相关资料；核算方法符合准则的规定；依据期末账面成本与市价孰低的原则，正确记录投资跌价准备。为了核实企业是否执行了上述内部控制程序，内部审计人员应执行如下审计程序：抽查投资业务的会计记录，从明细账抽取部分会计记录，按顺查法核对有关数据和情况，判断其会计处理过程是否合规完整。

第二，为了核实投资的计价方法是否正确，期末余额是否正确，内部审计人员应执行如下审计程序：检查投资的入账价值是否符合投资合同、协议的规定，会计处理是否正确，对于重大投资项目，应查阅董事会有关决议，并取证；检查投资资产的核算是否符合会计准则的规定；检查投资资产的溢价或折价，是否按有关规定摊销。

二、筹资活动的内部审计

企业的董事会一般会授权高级管理人员进行筹资业务的管理。筹资业务主管人员应定期进行企业经营情况的分析，根据企业的资金预测编制筹资计划。董事会一般会同法律顾问和财务顾问审核筹资计划的合理性和可行性；筹资部门根据董事会批准的筹资计划，准备股票或债券的发行申请材料，发行申请材料报证券管理机构批准通过后，债券或股票应经董事会授权的高级管理人员签发后方可对外发行。企业一般会选择有良好资信的证券经营机构负责承销或包销工作，与该机构签订正式的承销或包销协议。证券经营机构发行完毕后，财务部门根据有关交款单、股东名册等登记有关账簿。在此，我们根据筹资活动的控制目标逐一评价、审核其合理性、规范性和被控制状况。

（一）筹资活动真实性的审计

第一，为了确认借款或发行股票是否经过授权审批，是否签订借款合同或协议、债券契约、承销或包销协议等相关法律性文件，内部审计人员应执行如下审计程序：获取借款或发行股票的授权批准文件，检查权限是否恰当，手续是否齐全；并获取和检查借款合同或协议、债券契约、承销或包销协议等相关法律性文件。

第二，为了查核借款和所有者权益账面余额在资产负债表日是否确实存在，借款利息费用和已支付的股利是否由被审计期间真实事项引起，内部审计人员应执行如下审计程序：获取或编制借款和股本明细表，复核加计正确，并与报表数、总账数和明细账合计数核对相符；检查与借款或股票发行有关的原始凭证，确认其真实性，并与会计记录核对；检查利息计算的依据，复核应计利息的正确性，并确认全部利息计入相关账户。

（二）筹资活动完整性的审计

第一，为了确认筹资业务的会计记录、授权和执行等方面是否明确职责分工；借款合同或协议是否由专人保管；保存债券持有人的明细资料是否与总分类账核对相符；如由外部机构保存债券，是否与定期同外部机构核对，内部审计人员应执行如下审计程序：观察并描述其职责分工；了解债券持有人明细资料的保管制度，检查被审计单位是否将其与总账或外部机构进行核对。

第二，为了确认借款和所有者权益的增减变动及其利息和股利是否均已登记入账，内部审计人员应执行如下审计程序：检查年度内借款和所有者权益增减变动的原始凭证，核实变动的真实性、合规性；检查授权批准手续是否完备、入账是否及时准确。

（三）筹资活动所有权的审计

为了确认借款是否均为被审计单位承担的债务，所有者权益是否均代表所有者的法定求偿权，内部审计人员应执行如下审计程序：向银行或其他金融机构、债券包销人函证，并与账面余额核对；检查股东是否已按合同、协议、章程约定时间缴付出资额，其出资是否经注册会计师审验。

（四）筹资活动计价与分摊的审计

按企业规定的要求，企业应对筹资业务建立严密完善的账簿体系和记录制度；核算方法应符合会计准则和会计制度的规定。为了核实企业是否执行了上述内部控制程序，内部审计人员应执行如下审计程序：抽查筹资业务的会计记录，从明细账抽取部分会计记录，按原始凭证到明细账、总账顺序核对有关数据和情况，判断其会计处理过程是否合规完整，以查核借款和所有者权益的期末余额是否正确。

三、投资与筹资循环的内部审计案例介绍

（一）案例背景

S企业是某省的省属国有控股有限责任公司，是水利水电行业的省级投资主体和国有资产经营管理主体，省政府批准成立的专业投资公司。S企业主要业务分为5大板块，包括水板块、电板块、地产板块、石材板块和其他板块。2014年度纳入合并报表范围的企业有27户（含集团本部），其中，二级企业18户，三级企业7户，四级企业1户。经营范围包括从事云南省重点水利工程的投资、开发、建设、经营、管理；地方配电网、中小水电电源等工程投资、开发、建设、经营、管理；水务项目投资、开发、建设、经营、管理；水利相关水土资源综合利用；水利水电行业相关设计、咨询等服务，项目投资及所投资项目管理。

2015年，S企业内审部对S企业的融资情况进行了审计，重点关注融资安排的合理性，资金筹集环节控制程序的完整性，以及资金使用的合法性与有效性。

（二）审计执行

S企业资金来源包括自筹资金、直接融资、间接融资、政府扶持资金几类，即向集团内外企业借款、银行贷款、发行债券、财政厅直接下发的公益性建设资金。

1．S企业借款审计

2012—2014年，S企业资金来源如表6-8所示。

表6-8　S企业2012—2014年资金来源（单位：万元）

年份	2012	2013	2014
合计	541 263.33	609 325.60	653 058.1
其他应付款	2 687.53	661.81	2 046.81
短期借款	27 270.00	26 500.00	22 500.00
长期借款	—	—	—
专项应付款	36.00	10 394.00	4 241.50
实收资本	200 857.20	292 877.20	292 877.20
资本公积	310 412.60	278 892.59	331 392.59

通过对所提供的资料进行查看，S企业2012年度借款27 270万元，分别为向集团外企业借款21 670万元，向银行借款800万元，向个人借款4 800万元。2013年度借款26 500万元，分别为向银行借款4 000万元，向集团外企业借款22 500万元。2014年度借款22 500万元，分别为向银行借款10 000万元，向集团外企业借款12 500万元。S企业2012—2014年负债情况表见表6-9。

表6-9　S企业2012—2014年负债情况（单位：万元）

项目	2012年	2013年	2014年
总负债（年末数）	195 939.07	340 187.21	375 578.41
带息负债合计（年末数）	129 427.36	251 357.80	224 999.33
全年应计利息	6 276.54	17 997.34	17 596.82
年末累计欠息	481.82	2 529.11	3 264.86
全年利息支出总额	6 041.61	15 882.04	16 608.08
其中：资本化利息	2 906.31	2 150.88	4 323.87

S企业2012—2014年债务风险状况表见表6-10。

表6-10　S企业2012—2014年债务风险状况

项目	2012年	2013年	2014年
资产负债率	47.06%	47.8%	51.37%
速动比率	5.13	1.13	1.23
已获利息倍数	1.15	1.19	0.38
现金流动负债比	−0.28	0.22	0.1
带息负债比率	66%	73.88%	59.90%

S企业财务报表显示，在2012年1月至2014年12月期间，其总体现金净流量在2013年为负数。由于S企业的主营业务石材板块和房地产板块的投资未能取得较好的经济效益，日常生产经营和项目投资大部分靠债务融资维持，S企业资产负债率最近三年呈上升趋势，2014年年末为51.37%。在维持公司经营业务和投资项目正常运转方面，资金保障存在较大不确定性。

根据审计调查表，S企业截至2014年发生带息债务类型包括银行贷款、集团外企业借款、融资租赁方式、中期票据、个人借款、发行债券。在带息借款调查中发现，S企业的子公司W石材实业公司、X房地产投资开发有限公司、Y房地产投资开发有限公司是带息负债的“主力军”，其债务资金主要用途为补充企业流动资金。带息负债的担保多为S企业信用担保以及W石材实业公司、X房地产投资开发有限公司、Y房地产投资开发有限公司用本公司的开采权、定期存单或其他资产担保。债务年利率多数为参照银行同期贷款利率或者按同期贷款利率上浮20%，但是在审计调查中发现，Y房地产投资开发有限公司在向某材料公司的两次借款中借款年利率分别高达98.3%和50.88%，向某矿业投资开发有限公司借款年利率为36.00%，存在非常规借款的情况。S企业对此异常情况并未有相应的情况说明，带息债务审批手续并未按照“三重一大”程序进行，也没有上报上级主管部门审批，企业内部控制不完善、执行不到位，违反相关法律法规进行决策。

此外，审计还发现，2009—2014年，W实业公司成立的六年间，累计向金融及非金融机构融资折合人民币34.57亿元，远远超出其母公司S企业本部融资额。截至2014年年末，W实业公司各项借款余额7.61亿元，与其母公司借款余额8.67亿元相比达到了87.77%，其中部分向外部企业借款的年利率已经达到308.57%。从该公司生产经营实际情况看，公司目前拥有的7个采矿点中仅有1处在正常开采生产，其他均处于半停工状态。大规模的融资后W实业公司与生产经营无关的借贷融资及产生的大额利息费用，并未产生实质性的利润贡献，直接影响了S企业整体公司经营业绩，增大了公司的债务风险。

2．S企业专项资金审计

公益性项目资金包括向国有银行借入的水利建设专项贷款和由财政厅直接下拨到S企业的专项资金。水利建设专项贷款由财政厅或上级主管部门做担保，S企业直接与国有银行达成协议的方式进行。2007—2014年S企业共承贷水利专项资金400 000万元，其中包括90 701万元为部分州（市）人民政府使用的贷款资金，由使用地州（市）人民政府还本付息。由财政厅直接下拨专项建设资金264 342万元，资金下达时就附有相应的水利建设项目，由S企业与具体项目负责人沟通，发放专项资金。

S企业是经营管理水利水电资产为主的国有控股有限责任公司，审计公益性资金时重点关注：一是政策性水利专项贷款情况，S企业承贷完成水利专项贷款资金，是否存在截留或挪用资金情况；二是农村水电站增效扩容改造资金拨付情况，是否根据要求和项目建设进度进行拨付，项目建设方是否合法有效地使用资金。

根据审计情况，S企业存在将公益性资金改变用途的情况，多次以缓解子公司资金紧张的名义借用公益性资金33 500万元，将专款专用资金分别借给W石材公司、X房地产投资开发有限公司和Y房地产投资开发有限公司。S企业将专款专用资金改变用途的决策并没有报批上级管理部门审批，只有企业领导人签字盖章。虽然截至2014年年末借出专项资金全部归还，但S企业的行为不符合省委省政府对专项资金的管理要求，对国有资产的安全性造成了威胁，存在国有资产流失的风险。

（三）审计建议

第一，针对审计发现的问题，内部审计人员严肃地提出了限期改正的要求及纠正错误的建议；第二，从风险评估入手，建立针对对外投融资流程的风险评估机制；第三，加强监控，构建事前、事中、事后投融资监控体系。

第四节　货币资金的内部审计

一、库存现金审计

（一）库存现金审计目标

库存现金包括企业的人民币现金和外币现金。现金是企业流动性最强的资产，尽管其在企业资产总额中的比重不大，但企业发生的舞弊事件大多与现金有关。因此，内部审计人员应该重视库存现金的审计。库存现金的审计目标一般应包括（括号内为相应的财务报表认定）：一是确定被审计单位资产负债表的货币资金项目中的库存现金在资产负债表日是否确实存在（存在）；二是确定被审计单位所有应当记录的现金收支业务是否均已记录完毕，有无遗漏（完整性）；三是确定记录的库存现金是否为被审计单位所拥有或控制（权利和义务）；四是确定库存现金以恰当的金额包括在财务报表的货币资金项目中，与之相关的计价调整已恰当记录（计价和分摊）；五是确定库存现金是否已按照企业会计准则的规定在财务报表中做出恰当列报（列报）。

（二）库存现金内部控制的测试

1．了解现金内部控制

通常通过现金内部控制流程图来了解现金内部控制。编制现金内部控制流程图是现金控制测试的重要步骤。注册会计师在编制之前应通过询问、观察等调查手段收集企业内部审计必要的资料，然后根据所了解的情况编制流程图。对于中小企业，其也可采用编写现金内部控制说明的方法。

若以前年度审计时已经编制了现金内部控制流程图，内部审计人员可根据调查结果加以修正，以供本年度审计之用。一般地，在了解现金内部控制时，内部审计人员应当注意检查库存现金内部控制的建立和执行情况，重点检查内容包括：①库存现金的收支是否按规定的程序和权限办理；②是否存在与被审计单位经营无关的款项收支情况；③出纳与会计的职责是否严格分离；④库存现金是否妥善保管，是否定期盘点、核对等。

2．抽取并检查收款凭证

如果现金收款内部控制不强，很可能会发生贪污舞弊或挪用等情况。例如，在一个小企业中，出纳人员同时负责登记应收账款明细账，很可能发生循环挪用货款的情况。为测试现金收款的内部控制，内部审计人员应按现金的收款凭证分类，选取适当的样本量，做如下检查：①核对现金日记账的收入金额是否正确；②核对现金收款凭证与应收账款明细账的有关记录是否相符；③核对实收金额与销货发票金额是否一致等。

3．抽取并检查付款凭证

为测试现金付款内部控制，内部审计人员应按照现金付款凭证分类，选取适当的样本量，做如下检查：①检查付款的授权批准手续是否符合规定；②核对现金日记账的付出金额是否正确；③核对现金付款凭证与应付账款明细账的记录是否一致；④核对实付金额与购货发票金额是否相符等。

4．抽取一定期间的库存现金日记账与总账进行核对

内部审计人员应抽取一定期间的库存现金日记账，检查其是否正确无误，库存现金日记账是否与总分类账核对相符。

5. 检查外币现金的折算方法是否符合有关规定，是否与上年度一致

对于有外币现金的被审计单位，内部审计人员应检查外币库存现金日记账及“财务费用”“在建工程”等账户的记录，确定企业有关外币现金的增减变动是否采用交易发生日的即期汇率将外币金额折算为记账本位币金额，或者采用按照系统合理的方法确定的、与交易发生日即期汇率近似的汇率折算为记账本位币，选择采用汇率的方法前后各期是否一致；检查企业的外币现金的期末余额是否采用期末即期汇率折算为记账本位币金额；折算差额的会计处理是否正确。

6. 评价库存现金的内部控制

内部审计人员在完成上述程序之后，即可对库存现金的内部控制进行评价。评价时，内部审计人员应首先确定库存现金内部控制可信赖的程度以及存在的薄弱环节和缺点，然后据以确定在库存现金实质性程序中对哪些环节可以适当减少审计程序，对哪些环节应增加审计程序并做重点检查，以减少审计风险。

二、银行存款和其他货币资金审计

（一）银行存款审计目标

银行存款是指企业存放在银行或其他多种机构的各种款项。按照国家有关规定，凡是独立核算的企业都必须在当地银行开设账户。企业在银行开设账户以后，除按核定的限额保留库存现金外，超过限额的现金必须存入银行；除了在规定的范围内可以用现金直接支付款项外，在经营过程中所发生的一切货币收支业务，都必须通过银行存款账户进行结算。

银行存款的审计目标一般应包括（括号内为对应的财务报表认定）：一是确定被审计单位资产负债表的货币资金项目中的银行存款在资产负债表日是否确实存在（存在）；二是确定被审计单位所有应当记录的银行存款收支业务是否均已记录完毕，有无遗漏（完整性）；三是确定记录的银行存款是否为被审计单位所拥有或控制（权利和义务）；四是确定银行存款以恰当

的金额包括在财务报表的货币资金项目中，与之相关的计价调整已恰当记录（计价和分摊）；五是确定银行存款是否已按照企业会计准则的规定在财务报表中做出恰当列报（列报）。

（二）银行存款的控制测试

1．了解银行存款的内部控制

内部审计人员对银行存款内部控制的了解一般与了解现金的内部控制同时进行。内部审计人员应当注意的内容包括：①银行存款的收支是否按规定的程序和权限办理；②银行账户是否存在与本单位经营无关的款项收支情况；③是否存在出租、出借银行账户的情况；④出纳与会计的职责是否严格分离；⑤是否定期取得银行对账单并编制银行存款余额调节表等。

2．抽取并检查银行存款收款凭证

内部审计人员应选取适当的样本量，做如下检查：（1）核对银行存款收款凭证与存入银行账户的日期和金额是否相符；（2）核对银行存款日记账的收入金额是否正确；（3）核对银行存款收款凭证与银行对账单是否相符；（4）核对银行存款收款凭证与应收账款明细账的有关记录是否相符；（5）核对实收金额与销货发票金额是否一致等。

3．抽取并检查银行存款付款凭证

为测试银行存款付款内部控制，注册会计师应选取适当的样本量，做如下检查：（1）检查付款的授权批准手续是否符合规定；（2）核对银行存款日记账的付出金额是否正确；（3）核对银行存款付款凭证与银行对账单是否相符；（4）核对银行存款付款凭证与应付账款明细账的记录是否一致；（5）核对实付金额与购货发票金额是否相符等。

4．抽取一定期间的银行存款日记账与总账进行核对

内部审计人员应抽取一定期间的银行存款日记账，检查其有无计算错误，并与银行存款总分类账核对。

5．抽取一定期间的银行存款余额调节表，查验其是否按月正确编制并经复核

为证实银行存款记录的正确性，内部审计人员必须抽取一定期间的银行存款余额调节表，将其同银行对账单、银行存款日记账及总账进行核对，确定被审计单位是否按月正确编制并复核银行存款余额调节表。

6. 检查外币银行存款的折算方法是否符合有关规定，是否与上年度的一致

对于有外币银行存款的被审计单位，内部审计人员应检查外币银行存款日记账及“财务费用”“在建工程”等科目的记录，确定有关外币银行存款的增减变动是否采用交易发生日的即期汇率将外币金额折算为记账本位币金额，或者采用按照系统合理的方法确定的、与交易发生日即期汇率近似的汇率折算为记账本位币，选择采用汇率的方法前后各期是否一致；检查企业的外币银行存款的余额是否采用期末即期汇率折算为记账本位币金额；折算差额的会计处理是否正确。

7. 评价银行存款的内部控制

内部审计人员在完成上述程序之后，即可对银行存款的内部控制进行评价。评价时，内部审计人员应首先确定银行存款内部控制可信赖的程度以及存在的薄弱环节和缺点，然后据以确定在银行存款实质性程序中对哪些环节可以适当减少审计程序，对哪些环节应增加审计程序并做重点检查，以减少审计风险。

三、货币资金的内部审计案例

（一）案例背景

D公司是某集团旗下的一家商业类公司，主营零售业务，并与某网站合作开展网上售货业务。2009年，集团内部审计部门对D公司2008年度财务报表进行常规性内部审计。考虑到零售企业现金流量比较大，审计部门以货币资金审计作为重点项目来安排，重要性水平确定得也较低，定为5 000元，并安排了经验丰富的刘×负责货币资金的审计实施。

（二）审计过程

1．符合性测试

刘×发现公司货币资金的内部控制存在一定漏洞，主要表现为：（1）财务部稽核人员对收款台的现金未能经常进行不定期盘点；（2）领用的票据号码不连续，存在领用支票不登记的现象；（3）对支付现金和银行存款的审批，职责权限划分上不够明确，如对相同业务的审批有时是财务经理的签字，有时是业务经理的签字，控制不够严格。

在发现了上述问题之后，审计人员确认D公司的内部控制属于中等信赖程度，因此，适当地扩大了对D公司货币资金进行实质性测试的范围。

2．对现金的突击盘点

现场工作的当天营业结束后，刘×即组织了对现金的盘点。首先对20个收款台的现金组织了相关人员进行盘点，盘点结果显示，现金的实存数为2 368元，通过收款机计算出的应收数为2 468元，短缺金额为100元，并查清为服装组发生的短缺。审计人员抽查部分2008年待处理财产损溢的转销凭证后发现，服装组发生的短缺次数最多，金额也较大，经过初步审核发现该柜台组存在收银员贪污货款的行为。因为D公司极少对款台组织盘点，报亏也较容易，为有关人员舞弊提供了可能。

刘×还对财务部保险柜中的现金实施了盘点。D公司的出纳和会计主管人员参加盘点，刘×进行监督并抽点部分现金。对财务部经管现金的盘点结果如下：（1）保险柜现金的实存数为1 520元；（2）保险柜中有单据已付款，但未入账的某职工报销差旅费，金额为1 830元，手续齐全，时间为2009年2月18日。某职工借条一张，未说明用途，无主管领导审批，金额为1 300元，日期为2008年12月25日；（3）盘点前现金日记账的余额为4 650元，经核对2009年1月1日至2月18日的收、付款凭证和现金日记账，收入现金金额为13 465元，支出为14 530元，正确无误；（4）银行核定的库存现金限额为5 000元。

3．抽查现金日记账

刘×进行现金付款凭证抽查时发现2008年5月现付字47#凭证为支付拆除地磅的劳务费，收款人为个人，无正式发票，但有单位领导签字批准的付款凭据。付款凭证上的分录为：

借：营业外支出——其他　760

　贷：库存现金　760

审计人员追查相应的收款凭证和固定资产报废凭证。在现金和银行存款日记账中均未发现固定资产报废收入。抽查固定资产的明细账发现在5月有一台地磅报废，记账凭证为转字38#，所附原始凭证为有关人员批准报废固定资产的文件，会计分录为：

借：营业外支出　100 000

　累计折旧　100 000

　贷：固定资产　200 000

审计人员继续追查后发现，处理该固定资产的收入在主管财务经理的授意下，并未入账，而是在收款时给对方了一普通收据，从而将收到的90 000元现金存入了“小金库”。

4．编制银行存款余额调节表

由于D公司每天送存银行销货款，购货业务也较为频繁，另外还有大量的代销业务，经常要与客户结算，银行往来业务较多。审计人员刘×对截至12月31日的银行对账单与银行存款日记账进行核对后，自行编制了银行存款余额调节表。调节后两边余额相等。但刘×在进行日记账与对账单核对过程中发现，在对账单上一笔收到预收款，两天后有一笔相同数额的现金支票开出，但银行存款日记账上却没有登记，提取现金也未在现金日记账登记，现金支票的存根不知去向，经核对其他月份也存在类似问题。

此外，审计人员对未达账项进一步核对了2009年1月1～15日的银行对账单，发现D公司在2008年12月26日已记增加银行存款，并记入“主营业务收入”科目的未选账项，到15日前银行仍未收到，D公司登记的金额为234000元。审计人员与银行联系后得知，该支票为空头支票，早在年前已退回公司，经询问会计人员确有此事，但会计人员认为该业务不影响当期收益和资产额，过一段时间后对方账上有资金后会马上付款，就没有进行调整。

5．抽查大额银行存款支出

刘×对D公司银行存款日记账进行凭证抽查时发现有一笔业务较为特殊，其为一组费用报销凭证，在银行存款日记账摘要栏写明的均为修理费。具体为：2008年8月5日，银付字35#，摘要注明为“修理超市的制冷设备”，所附原始凭证为D公司开具的发票，记账凭证为：

借：管理费用——修理费　　300 000

　贷：银行存款　　300 000

2008年8月29日，银付字78#，摘要注明为“修理运输设备”，所附原始凭证也为D公司开具的发票，记账凭证为：

借：营业费用——修理费　　150 000

　贷：银行存款　　150 000

2 008年9月18日，银付字37#，摘要注明也为“修理运输设备”，所附原始凭证也为D公司开具的发票，金额为450 000元。

对这三张修理费发票，刘×认为有些蹊跷，三张发票均为D公司开具的，金额高达900 000元。该公司为D公司的控股子公司，属于集团内部关联方交易。对此刘×给予了高度关注。经询问有关经手人员，刘×得到的信息是该公司8月、9月并未进行较大规模运输设备的修理。审计人员为了确定这笔支出，调出了D公司的发票和记账凭证，核对后发现与这三张发票号对应的存根联和记账联金额分别为3万元、1.5万元和4.5万元。

会计分录分别为：

①借：银行存款　　300 000

　　贷：主营业务收入　　30 000

　　　　应付账款——D公司　　270 000

②借：银行存款　　150 000
　　贷：主营业务收入　　15 000
　　　　应付账款——D公司　　135 000
③借：银行存款　　450 000
　　贷：主营业务收入　　45 000
　　　　应付账款——D公司　　40 5000

在D公司的账上，9月、10月又分别以开出现金支票的形式归还，特应付账款转平。

（三）审计结果

审计人员经过对上述内容进行认真的检查、仔细的核对，针对审计过程中发现的D公司“服装柜组发生短款次数频繁”“私设小金库”“出租出借银行账号”“因购货单位支付空头支票而未及时调账”“D公司明显存在虚开阴阳发票”等问题与D公司进行了交换，并严肃地提出了限期改正的要求及其纠正错误的建议。

参考文献

[1]蔡昌.税收与公司财务[M].北京：中国财政经济出版社，2021.

[2]耿来芳，黄业飞.内部审计程序范例[M].北京：中国时代经济出版社，2021.

[3]会计实操辅导教材编委会.企业财税实务与纳税筹划[M].广州：广东人民出版社，2021.

[4]康玉婷，马文静，张霞.财务管理与内部审计问题研究[M].北京：中国商业出版社，2021.

[5]李华丽.大数据背景下内部审计创新研究[M].北京：中国纺织出版社，2021.

[6]林哲.企业税务风险管理实务[M].大连：东北财经大学出版社，2022.

[7]马泽方.企业所得税实务与风险防控[M].4版.北京：中国市场出版社，2022.

[8]屠建清.新税法下企业财税风险防控与纳税筹划[M].北京：人民邮电出版社，2020.

[9]王攀娜，熊磊.企业财务管理[M].重庆：重庆大学出版社，2022.

[10]叶怡雄.企业财务管理创新实践[M].北京：九州出版社，2021.

[11]朱菲菲，孙鸿雁.企业财税管理实操：从新手到高手[M].北京：中国铁道出版社，2021.

[12]庄莹.我国企业内部审计有效性评价研究[M].北京：中国财政经济出版社，2021.